刀锋文丛

张柠　主编

无名的镜语

梁振华◎著

重庆大学出版社

图书在版编目(CIP)数据

无名的镜语 /梁振华著. — 重庆：重庆大学出版社，2012.7
（刀锋文丛）
ISBN 978-7-5624-6566-9

Ⅰ.①无… Ⅱ.①梁… Ⅲ.①大众文化—研究 Ⅳ.①G24

中国版本图书馆CIP数据核字（2012）第023528号

无名的镜语
WuMing De JingYu
梁振华 著

责任编辑：李金正　　版式设计：上海六点文化
责任校对：刘雯娜　　责任印制：赵 晟
*
重庆大学出版社出版发行
出版人：邓晓益
社址：重庆市沙坪坝区大学城西路21号
邮编：401331
电话：（023）88617183　88617185（中小学）
传真：（023）88617186　88617166
网址：http://www.cqup.com.cn
邮箱：fxk@cqup.com.cn（营销中心）
全国新华书店经销
重庆双百印务有限公司印刷
*
开本：890×1240　1/32　印张：6.25　字数：178千
2012年7月第1版　2012年7月第1次印刷
ISBN 978-7-5624-6566-9　定价：20.00 元

总 序

文化批评的中国化实践

批评丛书“刀锋文丛”，是一套主要针对当下中国文化现象（包括文学、大众文化、影视、音像、传播媒介等）进行批评的丛书，作者为各领域的学者和新锐批评家，他们都受过良好的人文教育，学有所专，在批评技术上训练有素，以敏锐的艺术感觉和独特的语言风格取胜，并力图借此实现批评的独立价值。他们对其批评对象，不做一般意义上的“解剖学分析”，而是更加关注作为批评对象的符号系统如何潜入当代文化，以及潜入过程中产生的怪异踪迹。

对于文化批评而言，其批评对象是一个巨大的疑问。文献意义上的传统符号体系与文化商品意义上的新符号体系，早已在全新的传播媒介中胜利会师，并拉帮结伙地向人示威。它们在街道上招摇过市，在电视节目中口水四溅，在策展会上沐猴而冠，在各种叙事建构中钻头觅缝。通过对其他文化DNA的吸纳和重组，它们已经具备了高度的变异能力，是一种可怕的文化“异形”。它们以新的宿主为掩体，摧毁传统意义上的解剖学和阐释学。要将它们从新媒介这个宿主之中剥离出来，使之原形毕露，是文化批评的重要任务。

因此，作为“微观意识形态”的一根敏感的神经，文化批评不再是书斋里的解剖学，批评者也不再是历史的建筑师和形而上学的幻想家，更不是神话和象征的合谋者。他们应该是文化相面师，是经验分析的数学家，是新的寓言写作者，是砌筑文化符号沼气池的工匠。语言创造是他们的工具。想象力是他们的显微镜。新的分类学就是他们的方法论。这是一种带有强烈的写作性的批评实践，也是一种文化批评“中国化”实践的开创性工作。

作为一种新的意识形态批评方法和思潮，文化批评兴起于20世纪50年代的欧美。它是第二次世界大战结束之后“冷战思维”在文化中的反映。宏大意识形态的微观化，促进了批评方法的更新。传统文学批评中的文本细读方法与符号学、政治经济学、传播学、人类学等学科的结盟，构成了文化批评的方法论谱系。与此同时，文化批评也不是传统的“文学社会学”研究。后者是从社会学的角度讨论文学问题。而文化批评，如果它要讨论文学（或者其他文化现象）的话，就是要将研究对象转化为公共领域的话题，成为公共领域话语批判的对象。

有学者将文化批评的特点总结为：一、注重当代文化而不是历史经典；二、注重大众文化而不是精英文化；三、注重边缘文化和亚文化群体（比如女性文化、少数族裔文化、青少年文化、打工族文化等）而不是主流文化；四、注重文化与社会密切的互动关系，而不是封闭的、象牙塔式的、静态的分析研究；五、提倡跨学科超学科的、综合思维的研究方法。[1]我认为这个总结比较全面。它还可以进一步归纳为：当代的、大众的、边缘的、动态的、综合的。换一个说法，作为传统文学的“文学性”，已经像碎片一样消散在另一个新主流文化（市场和消费）之中，文化批评就是要在这种新的文化语境之中重新发现“文学性”，在“现代性”中寻找那些“可以挽回的部分”，在市场的垃圾堆里寻找“文学性”的碎片。

我们知道，在20世纪80年代也有过所谓的“文化热”，但与这里所说的“文化批评”关系并不大。20世纪90年代以来，我们翻译了大量的“文化批评”理论著作。但真正属于中国自己的文化批评，还正在探索的途中。其主要原因在于，中国没有自己的文化理论，所有文化批评的方法，都是“拿

[1] 罗钢，刘象愚.文化研究读本·前言［M］. 北京：中国社会科学出版社，2000.

来”的外国货。一些概念是否适用于我们的文化批评，需要甄别；文化批评中对中国经验的把握，需要探索和实验。这些都需要通过长期的批评实践来解决。中国问题的复杂性还在于，它具有非常悠久的历史文化传统。传统符号作为历史经典的出场，往往成为常态。我们的文化批评，还面临着对历史符号进行解码的艰巨任务。无论理论还是方法，都应该从写作实践中来。我们不要被那些貌似严密的仿西化理论吓住。我们应该对批评写作的中国化实践表示敬意，哪怕它的创造是点滴的！

我大致从2000年前后开始文化批评的探索性写作，2003年完成第一本显得幼稚的文集《文化的病症》。在2004年开始筹备文化批评丛书“刀锋文丛”的出版事宜。第一辑于2005年出版，收入了朱大可等人的文集。第二辑于2006年出版，收入了陈晓明等人的文集。由于出版社改制，丛书原责任编辑调离，“刀锋文丛”出了两辑就停下来了，我感到非常遗憾。这一次有缘与重庆大学出版社合作使“刀锋文丛”重获新生，是一件值得欣喜的事情。第三辑“刀锋文丛”不是没有遗憾，但总的来说基本符合我的设想。

期待更多朋友的加入！

张　柠

2011年12月6日写于北京师范大学

目 录

迷津中的镜像

时髦的舌头

咀嚼光影

- 隐秘的癫狂——评《让子弹飞》
- 经典的拆解与史诗的终结——评《赵氏孤儿》
- 谁的南京？——评《南京！南京！》
- “纯粹”的局限性与叙事表征——评《山楂树之恋》
- 无望之战与赤膊英雄——评《天狗》
- 让石头成为石头——评《图雅的婚事》
- 讲述与寓言——评《（一一）》
- 宁氏喜剧的续貂——评《疯狂的赛车》
- 尴尬的贺岁——评《非诚勿扰》
- 凤爪的阴谋——评《无穷动》
- 后王家卫时代的“民族寓言”——评《伊莎贝拉
- 不够彻底的“轻盈”——评《圆明园》
- 偶像片的穷途——评《第601个电话》
- 我愿为吴宇森辩护——评《赤壁》
- 理由比表象更重要——评《理发师》
- 文字与影像的暧昧遇合——评《手机》

隐秘的癫狂

——评《让子弹飞》

在我的观影体验中，从影像风格到叙事基调，最以张狂炽烈的气象示人的国产影片有两部——一部是很远的《红高粱》，一部是很近的《让子弹飞》。前者在20世纪80年代深沉忧思的文化氛围里，为中国银幕赋予了空前的炽热情怀和狂放气质；后者应今日纷乱躁动的文化产业潮流而动，用银幕上一场元气充沛的修辞狂欢，崭露终结同时代中国电影外强中干、疲靡不振的气魄。两部"放浪形骸"的电影，横跨新旧两个世纪，放在一起好像有那么一些"不搭调"。但显然无法忽略的是，这两部作品，一部主演是姜文，另一部导演和主演都是姜文。因了姜文，中国仅有的姜文，我们不得不再次确认：是人的禀赋、个性、才情——而不是其他任何因素——最大程度上规约着一部电影的风格，也成就了电影的格局和气质。

“让子弹飞”，多么奇特的语词组合，多么富有创造力的意象。子弹脱膛而出、一纵即逝的飞行时间，被心怀叵测地抻长了。相比子弹载负的使命和命中的目标，子弹飞行的轨迹、姿态和撕破空气的猎猎呼啸声，更让人心醉神迷。我以为，这个四字词组道破的是这部电影的美学旨趣——过程重于结果，形式的快感成为了影片实体性的追求。在这个意义上，就像片名所昭示的那样，《让子弹飞》是一部以输出快感为首要目的的电影。它的快感首先来自一个闭合性、高度戏剧化的叙事框架。时代和历史的印记，在这里若有若无，唯余一座鹅城，土匪张麻子、骗子汤师爷与恶霸黄四郎三股力量展开博弈和殊死拼杀。对立双方壁垒分明，人的动机和行为，一切都以对抗的名义而存在，一切都围绕精心营构的戏剧冲突而展开。于是，再复杂的情节设置、再纠结的人物关系，也附着在一个干净到无以复加的故事主干之上。线索明快了，故事单纯了，观众的情感和情绪也有了明确而直接的聚焦对象。相比《太阳照常升起》的玄奥多义，难怪姜文对记者笑称：这部电影，“看不懂也难”。

《让子弹飞》的又一个快感源头，是人物形象的脸谱化塑造。电影里的所有人物，都不同程度附着了戏谑的色彩，此外，几乎每一个角色又被赋予了一种标签化的性格特征。这自然是时常不忘强调自己是学戏剧出身的姜文刻意为之。就像我们习见的许多话剧作品一样，影片不断放大和强化了人物的性格特征，而无意于花费笔墨去呈现人物个性的复杂成因或者变异轨迹。我们看到，三大主角可对应传统戏曲中的各色脸谱人物——黄四郎是无恶不作、丧尽天良的恶霸（白脸），汤师爷是狡黠奸诈、插科打诨的骗子（丑角），姜文饰演的张麻子（张牧之），尽管有过一段从云南陆军讲武堂到日本追随蔡松坡将军的辉煌革命“前史”，但影片里突出的仍是他亦正亦邪的绿林豪侠本色（红脸）—— 一来，嗜血兼好色，快意恩仇；二来，劫富以济贫，盗亦有道。三大主角而下，两方阵营中的一干人等，如胡万的阴邪，武举人的凶残，县长夫人的风骚，老六的憨直，胡千的谄媚……一人一面，张狂利索，快刀斩乱麻一般毫不含糊。粗看，影片贯穿着枪林弹雨、剑影刀光，细看却皆是被推向极致的性格交锋，火光溅落处，酣畅淋漓，让人直呼痛快。《让子弹飞》的“好看”，以及之所以备受观众推崇，与人物呈现上的这一特点有很大关系。与其说这是姜文对商业类型片和人物塑造类型化规律的“妥协”，毋宁说是姜文一如既往的高强度、高纯度、充分戏剧化的美学思维与商业电影的类型化规律达成的某种暗合。暗合的结果便是，既没有降低影片的美学成色，又成就了影片不俗的观赏性。若论及《让子弹飞》对于国产电影的借鉴意义，我以为便在这里。

台词的戏谑风，也是影片狂放气质的一个重要来源。反讽的、粗鄙的、戏拟的、滑稽的、荒诞的、仪式化的……《让子弹飞》里的人物，操持着风格混杂、形态驳杂的语言，尽其所能挑衅着观众的感官神经。从结果上看，这种方法卓有成效。两个多小时，影院里充斥着连绵不绝的笑声。发笑的人们，大多是因为故事情境和人物性格的戏谑化效果而笑（比如张麻子和县长夫人床头的一段对话，又比如几个“身怀绝技”的兄弟对大哥张麻子的那番表白），而并不是单单因为“搞笑”的台词本身。这比起时下一溜国产电影通过“山寨”“恶搞”或抖类小品式包袱等种种方法制造廉价的笑料和噱头来说，是风格的差异，更是境界的分野。

就电影作为一种综合视听媒介呈现生活幻觉、制造影像奇观的本性来看，输出快感的追求无可厚非。尤其在中国，当电影也习惯性地被当作理应“不朽”、功在“经国”的“文章”来经营的时候，我们特别渴念这样一种景象——轻盈释放了沉重，率性化解了匠气，淋漓酣畅的快感替代了忸怩作态的思考。这便是《让子弹飞》尤为可贵的气质，它从或陈腐或伪先锋的桎梏中以放浪不羁的姿态突围而出，用不竭的想象和不屈不挠的创新，为中国的电影叙事敞开了另一种可能。这种尝试谈不上尽善尽美，但蕴藏着蠢蠢欲动、令人欣喜的生力，也让人觉出了饱满的诚意和激情。

值得一提的是，姜文毕竟是奉献过《阳光灿烂的日子》和《鬼子来了》的姜文，是那个冷不防会猛踹你心窝子一脚的姜文。他的张狂与放浪并非无所依托。癫狂的《让子弹飞》的背后，隐匿着一个张力十足的寓言。到了影片临了的二十分钟，在颤栗和快感中飞翔的“子弹”，终于直奔目标而去。姜文不惜冒着破坏影片整体叙事风格的危险，生生切入了一组抽象的具有高度仪式感的片段（击鼓念诗、策马攻打碉楼、发钱收钱、发枪收枪），归拢片中撒落一地的形式主义快感碎屑，也祭出了影片真正直击人心的锋芒。鹅城恶霸和鹅城百姓的情状，读得出对彼时威权社会结构的反讽，读得出对民族奴性的锐利批判；而张牧之的一帮麻匪兄弟因为“压力有点大”弃他而去，拥着美女乐颠颠地奔赴上海浦东，似乎又解构掉了在民间世界追寻侠义理想的可能性。于是，片尾为我们呈现了这样意味深长的一幕——恶霸黄四郎除掉了，“战友”汤师爷归西了，一伙生死与共的兄弟也齐刷刷地去享福了，干过革命、追随过将军、出过洋、听说过莫扎特、当过麻匪、劫过富、济过贫的张牧之，只能匹马单枪，像“影子”一样彷徨于明暗之间，无物无地——荒诞不经的外壳下，渗着一种刻骨的孤独和悲凉，无形中接通了鲁迅先生在《野草》里为我们袒露的精神世界——“而这，又是怎样的哀痛呢？”

经典的拆解与史诗的终结
——评《赵氏孤儿》

对于电影《赵氏孤儿》，笔者一直抱有相当高的预期。不仅因为这则罕见的坐拥“国际声誉”的中国经典史诗，也因为陈凯歌。从《无极》到《赵氏孤儿》——一个是彻头彻尾的“去中国化”，一个是“中国气派”品正味醇；一个玄幻诡异、凌空蹈虚，一个衍生自流传千年的史传经典——这一题材转向所标举的创作观念嬗变，多少让人觉得欣喜。这并不是说“去中国化”和奇幻的创作路数不足取，而是在中国传统文化资源取之不竭而又少人问津的现状面前，醉心历史/古装叙事的电影编导与其向壁虚造和“移花接木”，远不如把目光投向被长久疏远甚至弃绝的民族历史文化，从那里汲取的资源，在文化特质、叙事智慧、大众（市场）认知等多重意义上，都对电影创作多有裨益。从《墨攻》《赤壁》《画皮》《花木兰》到眼下的《赵氏孤儿》，便是这一创作风潮的集中体现。有人给这种现象扣上过“为传统文化招魂”的高帽，这样的说辞让人不禁胆寒。在今天的文化情势下，“传统”莫非还要用全盘否定的有色眼镜来打量？“传统”，难道不是每一个民族个体从人格到心理、从情感表达到思维模式蹴而不去的沉淀？当然，在对待传统的问题上，让传统归位只是起点，如何对其进行省察和改造才真正值得探究。这是所有面向传统、改编经典的影视创作无法规避的问题，陈凯歌的《赵氏孤儿》自然不例外。

从《史记》和元杂剧版的《赵氏孤儿》里，我们读到了什么？有弃恶扬善的伦理观，有负重忍辱、舍生取义的牺牲精神，也有司马迁所说的“其言必信，其行必果，已诺必诚，不爱其躯，赴士之困厄”的任侠之气。正是这些具有民族文化高辨识度的价值取向，成就了《赵氏孤儿》的经典地位和史诗品质。自然而然，陈凯歌之所以对这个妇孺尽知的故事青眼有加，同样是要倚重上述质素，在银幕上写一个地地道道的“中国故事”。这一诚意书写中国文化的初衷，当然值得尊敬。可是，对惯于用电影承载哲思、也坚持在作品中寄寓个体情怀的陈凯歌来说，他何尝会满足于对一则古老故事中规中矩的摹写？于是，回到了上文所说的问题——陈导演拍摄《赵氏孤儿》这一行为本身固然是向民族文化传统致敬，然而更重要的是，他在创作中对经典进行了怎样的改造？而改造后的影像文本，与经典本身又构成了什么样的关系？

陈凯歌反复诉说，他对原故事的改造主要集中在两点：其一，是程婴救孤的动机；其二，是“复仇”的主题。这一概括基本符合影片的实情，可让人迷惑的地方也在这里。一个是行为的动机，一个是行为的诉求和结果，两者支撑起了“救孤”“易孤”“养孤”等一系列核心情节，《赵氏孤儿》原著之精妙和撼动人心之处也尽在其中。对这两个关节部位进行改造，其后果就不仅仅是对原著进行影像“转译”那么简单了。

在影片中，此程婴非彼程婴，他已经不是那个义薄云天、果决无畏的大忠大勇之士，而是一个乐天知命、自鸣得意的草根医生。他有些胆小怕事，遇到危险常不知所措，也当然不会有司马迁和纪君祥笔下的那般豪侠气魄。更重要的是，除了给赵朔之妻庄姬看病之外，程婴未受过赵家丝毫的恩泽，这便拆解了他救赵孤可以不问代价的逻辑前提。于是，程婴只能因为一场偶然卷入了灭门事件，然后，偶然连着偶然，直到把自己的孤儿送到了屠岸贾高高扬起的手臂中。据导演解释，这一改动，是为了给程婴为何献出自己儿子提供一个更有说服力、更充足的理由；显然，这个说法是以原著中程婴献子救孤不合乎人性为前提的——“人会不会主动献出自己的亲生儿子，哪怕是为了救别人，会不会？我觉得难。”（陈凯歌答记者问）这个观点乍看有理，深究起来，却问题不少。

影片中，单从结果来看，程婴终究用自己儿子的性命换回了赵孤，也挽救了许多其他无辜婴儿，这同元杂剧中程婴救孤相比并无二致。尽管程婴卷入这起事件纯属偶然，也尽管他在整个事件中基本处于被动，始终没有牺牲儿子成就大义的“觉悟”（也许有？但在影片中多少被刻意模糊化处理了），但到最后一刻，也许是受到了公孙杵臼壮举的感染，他毕竟没有向屠岸贾说出真相。就效果而言，此程婴与彼程婴殊途同归，做出了不可思议的牺牲。既然结果都是牺牲，一个是为了报恩、有强大信念和精神支撑的牺牲，一个是不甘不愿、稀里糊涂、良心瞬间发现而牺牲，相较而言，前者反而更有逻辑感和说服力。退一步讲，我们姑且认为这样的改编是合乎人性逻辑的，更值得商榷的问题则在于：程婴若是在卑微琐屑的动机下被迫完成了救孤的义举，原著所高张的史诗般的磅礴之气和士人一诺千金、舍生取义的慷慨情怀，便自然被消解一空了。史诗降格成了故事，英雄之风骨演变成了庸碌的皮相。当故事的文化内涵被悄然置换之后，那么，它还是让全世界读者为之击节感喟的那个《赵氏孤儿》吗？事实上，程婴是一介草民还是赵家门客并不重要，重要的是需要为程婴的义举找到一个坚实的动机。只要这个动机成立，程婴的大义灭亲便是值得信服的。我们不能说，由于大义灭亲不符常理和“人性”，所以不应该在叙事中存在——这不是应不应该的问题，而是一个逻辑推演和修辞学的问题，关键在于：我们用什么样的方式让生活中的不合理变成叙事中的合理，让现实里的不可能变成艺术里的可能。在那么多堪称史诗的小说和电影杰作里，我们看到的违背“人性”和常理的地方还少吗？而《赵氏孤儿》越千百年犹扑面而来的悲怆力量，不正是因为程婴做出了一个常人无法做出的伟大的决定吗？难道不是吗？

改编过后的影片，一方面大幅度更改了程婴的身份和性格，也就等同于放弃了在原著人物及情节基础上使其更饱满、更合理、更戏剧化的努力（这在技巧上完全具备可行性）。另一方面，影片又并没有在另一种逻辑推演的过程中完成自圆其说的叙事建构。凶残如斯的屠岸贾，既然知道程婴家有两个孩子，又凭什么相信程婴交出来的一定是赵孤？他既然除根心切，为什么不把两个孩子统统杀掉以绝后患？原著中，屠岸贾的对立面是公孙杵臼，他并不知道程婴也有一个儿子，更不可能想到：告发公孙杵臼的程婴会和公孙杵臼串通，将自己儿子置于死地。所以，电影中的这个逻辑瑕疵在原著中并不存在。还有，程婴的妻子明白无误地死于屠岸贾之手，屠岸贾难道就这样心安理得地让程婴来自己府上做门客，而且毫无防备地让他为自己下药治病？这样的一些逻辑瑕疵，影片中并不少见。原有的叙事模式被拆解了，新的模式又立得不够坚实。这是影片给我留下的首要的印象。而这种叙事逻辑架构上的疲沓和松散，是再炫目的蒙太奇剪辑手法、再吸引人的动作场面也无法遮掩的。

将程婴“矮化”处理的另一个后果，便与所谓的“复仇”主题相关。按照现在的剧本走向，编导更像是要把程婴塑造成一个反复仇、反暴力的信奉泛和平主义的小人物，这不仅有程婴性格上的原因，更有庄姬那番让孩子长大后忘记仇恨的临终遗言。可是，这个创作意图实施得很不彻底。影片中，程婴对往事又显然是耿耿于怀的。倘若他当真要遗忘仇恨，要以德报怨，那么，他完全可以不用告诉赵孤那段往事，也没有必要潜伏到大仇人屠岸贾家中去做门客。倘若他真要履行自己对庄姬的承诺，就更不应该常常念叨着要把长大后的赵孤带到屠岸贾面前，告诉他这是谁。所以，影片为我们所呈现出来的程婴，始终处于激烈的自我矛盾和分裂状态之中——他口口声声要放弃复仇，却常常活在复仇的欲念当中；他15年苦候着向屠岸贾摊牌的那一天到来，却又信守着没有敌人、没有仇恨的生存哲学——主人公这种自相矛盾的心理表征，也许是编导为追求人性的丰富和真实刻意为之，但从影片的整体叙事效果而言：作为故事的绝对核心人物，程婴模棱两可、暧昧不明的态度，让15年的坚守和忍耐由于失去了确定的指向性而变得意义含混不明；于是，“复仇”这一原著中的核心情节，在影片末尾仿佛成了一起偶发事件，由于没有前情的铺垫，不仅乏力，而且有突兀和生硬之嫌——赵孤（程勃）对义父屠岸贾的感情，从极爱到极恨，从相亲相爱到刀刃相见，中间居然几乎没有任何铺垫和过渡。作为全片戏眼的“复仇”就这样仓促了事，也多少有些让人费解。

影片《赵氏孤儿》难以激起观众直接的情感反应，另一个重要原因便是“反面人物”屠岸贾的塑造。这一版的屠岸贾受到了陈凯歌导演毫不吝啬的偏爱。从被张狂不可一世的赵氏家族侮辱、被无厘头的昏君栽赃开始，屠岸贾所做的任何一件事都能够在人性上找到合乎逻辑的解释，比如忍无可忍、嫉妒报复，又如后来对赵孤的仁慈、开明、宽恕。将原著里这位十恶不赦的奸臣充分人性化的结果便是，观众对他完完全全生不出仇恨，而影片中韩厥和赵孤后来的寻仇之举也因为缺乏足够的说服力而流于牵强。以正邪对立、善恶分明的伦理冲突，来引发剧烈的情感共鸣与心灵震荡，是包括《赵氏孤儿》在内的许多中国古典小说（故事）的叙事基点。而改编成电影的《赵氏孤儿》，将这个基点给拆解掉了，“善”的成色不够，“恶”的程度又太浅，不啻于从一正一反两方面同时削弱了故事的感染力和震撼力。我在观影过程中始终有一层间离感，难以被剧情打动，原因庶几在此。当然，用泾渭分明的方式区隔善恶，在文学和电影中并不是高明的做法，但在商业电影的类型化原则和人性书写的艺术规律之间，确有必要有所取舍。某些时候，更明快、更直接、更强烈的情绪感染力比片面的真实和深刻更能打动人心。

对于经典，是“遵命”还是“重构”，无谓优劣，自然是创作者的自由选择。遗憾的是，电影《赵氏孤儿》既没有做到对原著的“忠实”，也没有完成自足的价值建构，它成了悬空之物，在两个方向上都不甚讨巧。一方面，影片对原著从母题到人物到情节的改动不可谓不大，甚至不惜牺牲掉了原故事所包含的一些传统文化蕴涵；另一方面，影片完成对经典的拆解之后，在史诗终结之处，反而失掉了建构的勇气，陷入了进退维谷的境地。其实，就像当初将一篇柯蓝的散文改编成电影《黄土地》那样，陈凯歌对《赵氏孤儿》的改编还可以更大胆些，更洒脱些。比方说，将一则传统的复仇的故事，改造成一个用爱化解仇怨、用宽恕换取和平的故事，这样一来，影片无疑会具有更强的现代意味，也会对传统文化命题完成新的阐发。影片中展现了这个苗头，可惜，又在创作意旨的游移不定中被生生掐灭了，故事绕了偌大一圈，又兜回了已经被严重稀释过的复仇的老调子上去。这也许算是一种妥协？其效果如何，观众想必自有公论。

归根结底，依然离不开个性与共性、先锋与商业、现代与传统这些老问题。而一旦重弹这些老调，值得探讨的对象，就不只是陈凯歌和他的《赵氏孤儿》了。

谁的南京？

——评《南京！南京！》

《南京！南京！》——一个从内部构造到外部接受都呈现出巨大意义断裂的文本。面对它，我们首先要区分的是：这部电影具备的多重属性之间，创作者有没有倾向性的选择？影片的核心意图，到底是传播作品的文献价值，为人们复原一个静默无声的历史现场，还是依据个人的美学观点和价值判断，以“另类”和“陌生”的方式，建构起对一段凝固的历史“与众不同”的想象？

就影片的客观呈现而言，我们找不到上述问题的答案。或许，像《可可西里》一样，影片追求的就是这样一种含混的美学效果：虚构和纪实的界限被抹平了，二者的力量却反而相得益彰。问题是，荒原上的巡山队和盗猎者毕竟不同于彼时金陵古都里的人肉与刀俎。《可可西里》有边缘文化的意味，奇异，陌生，充满传奇色彩和神秘感，为故事和人性的演绎腾出了巨大的空间。这部虚构的作品里，纪实是一种美学风格和手段，它不牵涉内涵，更不是影片的质地；饶有意味的是，恰恰是这种干脆、利索的叙事节奏和反戏剧化夸饰的"纪实"手段，制造了一种虚构往往难以抵达的真实感，从而大大强化了虚构的力量。

反观《南京！南京！》，情形却判然有别。1937年的南京，这是一道横亘在一个民族胸口的醒目疮疤。关于那场劫难，既然"真实"和"真相"已经不再需要讨论，那么我们今天和未来所要做的，就是铭记和反思，直面人类自身的反人类行径，警惕悲剧产生的可能性和根因。此外，再兼及战争遗留问题、民族秉性、历史教育甚或军国主义阴魂等至今无从回避的内容，"南京大屠杀"这个汉语词组所牵动的是一系列辐射面极广、敏感而重大的命题。这些命题如此沉重，迫压着中国人的神经，以至于任何僭越真实的"想象"和"虚构"都有可能流于浮浅和轻飘。我以为，这是该题材创作无法逾越的一道障壁——创作者书写的对象，内涵太过深邃沉重，其能指和所指也太过具象，几乎没有为"艺术个性"留下太多回旋的空间。所以，同类题材的文艺创作，一方面可以凭借题材本身轻易获取文化产品营销最渴望的"轰动效应"；另一方面，却又不得不面对哪怕是对国家立场、民族情感的轻微冒犯而引发的大面积公众质疑。这个结局是可以预见的。而电影《南京！南京！》本身，在见证创作者勇气的同时，也凸显和放大了同类题材创作所遭遇的必然困境。

在复原历史的意义上，影片的尴尬之处首先在于对历史的"选择"。一小撮南京守军的正面抵抗，在作品中得到了浓墨重彩的表现。按照主创的说法，这是第一次揭示南京大屠杀中"中国人的抵抗史"——"如果中国人不是自救的话，那么这个民族是无法延续的。"这段"抵抗史"据说是有历史根据的，某日本老兵在接受主创采访时"肃然起敬"地感叹："你们中国军人真是厉害，我们进入南京城后，四处都是冷枪。"然而，这里的关键问题不是抵抗是否真的存在过，而是在南京城守军溃逃、30余万人（其中绝大多数是手无寸铁的平民）惨遭屠戮的背景下，陆剑雄们零星而又并不彻底的“抵抗”究竟能承担什么样的意义？所谓第一次表现了南京城“抵抗史”的说法，只局限于电影的历史文献价值，它同人们对那段历史的本质认知无关。对理性的主体来说，“发现”只停留在思考的初级阶段，更重要的是如何找到局部的“发现”和言说对象主体间的关联，如何将片面的“真相”置于整合性的意义结构之中。遗憾的是，《南京！南京！》的主题所指，迷失在了零散的、无关全局的“发现”里。关于上文提到的“抵抗”，影片叙事和主创自述提供了这样的逻辑：因为前人的作品里没有人提到“抵抗”，所以，“抵抗”就可以堂而皇之成为一部正面描述南京大屠杀的作品的核心主题之一。这种思维方式多少是令人惊奇的。1937年的南京，苍生皆成刍狗，一座浸泡在鲜血和哀号中的死城，处处上演着屠宰毫无抵抗能力的平民的活剧。而对它的记忆和讲述，居然从几个士兵无望、微乎其微的“抵抗”入手——影片想传达给我们的，到底是什么呢？“自救”？爱国？民族大义？烈士的血性和英勇？……从上述视角来看待南京大屠杀，固然十分新颖和“陌生”，也足够“另类”，可问题在于：“抵抗”，莫非能代表那段历史的真实气质？这一类似曾相识的豪壮故事，更适合杨靖宇和赵尚志，更适合发生在热血贲张的台儿庄和淞沪会战战场，而唯独不是1937年满城死寂的南京。

一件事情，历史上是否发生过和是否应该成为历史叙述的重心，这是两个问题。细节只有放到更周全的视野当中才能产生意义。那些游离而琐碎、明显带有偶发色彩的细节，可以迎合一时的猎奇心态，但在严肃的历史叙述中不应占据主体地位。因为，对于历史（尤其是南京大屠杀这样的历史），除了“看见”和“发现”，我们还有更多、更深的精神诉求。说到底，这是创作视点的偏移，更是思想的错位。

偏离对历史本质的体认，片面的“真相”往往使历史面貌更加模糊不清。与此同时，对个性的强调如果构成对公共性的背离，其结果同样可能是令人遗憾的。《南京！南京！》所引发的质疑，焦点之一是贯穿全片的日本士兵视角。叙事视角、结构故事的方式，本是一个纯正的美学问题，何来争议？主创的解释很有意味，“用谁的视角来拍电影，只是个叙事策略。就好比你吃羊肉串，用竹签子还是铁丝串起来都不是最重要的。”此外，据说这样的策略还是影片“走向世界”的选择：“在这场战争里，中国和日本就好比一张纸的两面。如果你觉得一个日本人的视角有点奇怪，只是因为在过去的此类电影中，这样的视角都是缺失的。可是如果要说‘反思’，从日本人的视角来反思比从中国人的视角更为震撼。”相较而言，我认同从日本人的视角来见证这场屠杀会更为“震撼”的说法。因为，让屠杀者自己来讲述屠杀的故事，有助于从以往习见的单纯血泪控诉中摆脱出来，而且，有可能将思考导向更隐秘、更深入的精神层面：剖析惨剧发生的心理和民族文化根源，对异化的人性展开决绝犀利的反思。在这里，视角不再是单纯的美学形式；套用吃羊肉串的比方，选择叙事视角，其意义不仅在于选择竹签还是铁丝；它更像让口味大相径庭的食客品尝同一串羊肉，无疑，会品出各不相同的滋味。进而言之，看待历史的视角差异，必然导致截然不同的理性认知和情感体验——日本人和中国人看待南京大屠杀，怎么可能得出一致的结论呢？反思的力量，便可以从这种差异中获得。这里说的只是可能性，回到电影本身，“角川君”的视角究竟起到了什么作用呢？

事实上，所谓“日本人的视角”在影片中是断裂的。经常是大段大段堆积暴行的客观记叙之后，冷不防插入一些游离在叙事主体之外的主观化段落，两者之间却看不出有意味的关联，呈现为一种欠缺逻辑的跳跃组合方式。如果说，前者统统是通过角川的眼睛看见的，那么限制性视角就完全失掉了存在的意义，因为，它所呈现的一切内容——鲜血、屠杀、强暴、绝望、哀号、惊恐——和中国人看到的、体会到的毫无区别。显然，后者才能凸显创作者所选择的日本人视角的独特性。那么，透过角川的眼，我们又看到了什么呢？这些远离故土、漂泊异乡的可怜孩子，偷喝可能有毒的汽水，顽皮地游戏、搓澡、唱歌，他们恋恋不忘故乡和母亲的火锅，第一次去慰安所还惊慌失措地戴不上安全套……影片用了不厌其烦的篇幅把日本人还原成了普通人，按导演的解释，其原因在于“普通人做了这样的事情才可怕”。叙事焦点的错位，在这里又一次得到了触目惊心的呈现。日本人是人，是普通人，需不需要证明？是普通人就有吃喝拉撒，就会怀乡，就会有本能的惊恐，这些值不值得花费如此多笔墨去表现？显然，这里所谓的“还原”，主要是就以前抗日影片中蓄仁中胡、凶神恶煞的“鬼子”形象而言的。也就是说，老电影里日本人是“鬼子”，不是“人”，所以我们拍日本人，当务之急是把“鬼子”先还原成“人”（而且是血肉丰满的“人”）。道理固然说得通，可令人迷惑的是：中国步入改革开放的“新时期”已逾30年，我们今天对问题的探讨，莫非还仅仅徘徊在矫正数十年前陈腐创作观念的层次？去除“神”和“鬼”的面具，把人还原成人，这只意味着回到常识，是思考得以展开的前提和起点。仅此而已。

我们把目光投向70多年前的南京，通过对历史现场的清理，无法回避的一个沉重命题是——与将日本人还原成普通人的愿望恰好相反——普通人究竟在怎样的情形下可以完全泯没人性？普通的人又是怎样一步步蜕变成为“非人”的？这样的思考才是有价值的。日本人的视角，原本为这样的思考敞开了空间和可能性，可惜在《南京！南京！》破碎的叙事当中，它几乎没有得到有效的展开。通过日本人的眼睛，我们没有领受到具有深度的差异性体验，反而看到了太多与这起惨祸无关的“人性”流露；角川的忏悔和谢罪，也只是提供了一个唐突的结局，由于没有得到细节的有力支撑而完全丧失了说服力。所以，在我看来，与其说影片选择了不当的视角，毋宁说这一视角在影片中被“降格”和滥用了。令人沮丧的是：它本可以是剖析灵魂的一把利刃，却被简简单单处理成了一根竹签，或者铁丝——就像创作者宣称的那样。

电影中的“角川君”，寄托了创作者非常美好的愿望。一方面，和罹难的中国人一样，人性向善的角川被塑造成了战争的受害者，这是超国家、超民族的反战立场的表达。另一方面，影片以出人意表的方式实施了一件“创举”：让角川代表他的同伴，用崩溃和自我了结完成了对暴行的忏悔。展示刽子手良知和人性的觉醒，的确有助于电影的主题掘进。可结合电影呈现的情节来看，角川的幡然悔悟并不是一种必然，更像是源于他敏感单纯、涉世未深的性格。对此，有论者评述道："一个国家写给另一个国家的悔过书是由一个害羞、不善言语的日本兵来执笔的，良知的归来起源于一个男人的处子情节和他的怀乡病，就是说善的果实是扎根于一种非常不可靠的逻辑基础上，并且这种刻意的逻辑寻求反而阻断了良知的直接抵达。"（王泰白：《南京的记忆与一部电影的文献价值》）这样的分析是以一针见血的。如果说，角川的忏悔只是充满了偶然性的个体行为，无法提炼出普遍意义，那么，对它的虚构和讲述又意义何在呢？是的，《南京！南京！》中日本兵悔罪自杀的"戏眼"，居然完全出自虚构。创作者的勇气委实可嘉。这样的做法，显然越出了艺术创作的边界。它不太可能只被当成一个简单的美学问题来对待，尤其在日本至今对铁证如山的南京大屠杀报以漠视的情形下。以受害者的身份，在虚构和假想中代替施暴者忏悔罪行——从网民的反映来看，这超出了很多人能够理解和接受的范畴。"角川君"在自己枪口下利索地倒下的那一瞬间，电影的潜台词到底是什么呢？倾吐无处释放的愤怒？或者，只是一种无可奈何的愿望的表达？

虚构和真实、艺术和历史的无序交织，使《南京！南京！》陷入了重重吊诡之中。而这部电影最大的困境，也许就在于过分放大了"个性"和"另类"的经验，以至于造成对历史共识和公共观念的侵犯。面对已经纳入人们固化想象的"重大"题材（尤以南京大屠杀为典型），关键不在于你自己有什么样的经验，而在于你为公众选择了什么样的经验；你当然可以对"共识"加以补缀、超越和深化（这是成就卓越品质的途径），但不能仅仅以强调个体美学经验为由，对具有公共性的观念和情感加以背离。

还是文章开篇时提到的问题。对于《南京！南京！》，有必要追问：作品呈现的到底是谁的"南京"？或者说，它本应该是谁的"南京"？不同形式的"南京书写"，如何处理个性和公共性之间的关系？当不构成公共性的个体经验被无限放大，当历史本质被任意改装，当"与众不同"的美学趣味遮蔽了历史的“真相”时，这样的“南京”还是我们因之悲恸、为之敬畏的“南京”吗？

在这个意义上，影片末尾处的日军祭祀舞蹈，可以视作《南京！南京！》风格定位的最好注脚。这场高度仪式化的表演，冗长而费解，充斥着形式主义的癫狂意味。我们后来知道，它源出导演的一场梦境，是彻头彻尾的虚构。偏执的想象湮没了真实，历史退隐了，反思的指向性变得暧昧不明。就这样，在个性的炫耀和个体主义美学的胜利中，1937年的南京城奇迹般地消失了。

流亡美国的阿多诺有过这样的判断：奥斯威辛之后，写诗是野蛮的。然而，当他读到犹太人后裔保罗·策兰1945年发表的《死亡赋格曲》后，收回了自己的看法——“长期受苦更有权表达，就像被折磨者要叫喊。”我们不能否认，诗有可能比历史更悠久。问题是，关于南京，会有这样一部“赋格曲”吗？

“纯粹”的局限性与叙事表征

——评《山楂树之恋》

不必屈从于市场和口碑的压力，以个人意愿和旨趣为主导从事创作，这对任何一名电影创作者来说都是梦寐以求的境界。作为首屈一指的活着的中国当代“文化英雄”，张艺谋当然有这样的“特权”，也确乎进入了物我两忘、宠辱不惊的创作之境。近二十年来，这位“从心所欲”的大师以变化多端的艺术风格而著称。他以个人意趣为依凭拍摄出来的题材迥异、样态不一的影片，一方面从不同侧面不断巩固和强化着银幕上的“张氏风格”，另一方面，又在接连不断的自我颠覆和刻意求新中解构了“张氏风格”的既定范式。在我看来，“张艺谋”这三个字，对中国电影来说不仅仅是一项光环和一座高峰，似乎更意味着一种可能性——依然在顽强生长着的可能性。试问谁可预料，张艺谋的下一部电影将以什么方式呈现？正如我们如何可以相信：一个曾经奉献过《活着》这样的电影的导演，居然可以拍出一部令人惊诧莫名的《三枪拍案惊奇》；又比如，在短短一年之内，刚刚完成将“二人转”搬上电影银幕这一历史任务的张大师，又奏响了一部向畅销书致敬的“纯粹”童话恋曲。

电影《山楂树之恋》，无他，一出标准的银幕童话恋曲。“童话”，超拔于现实人生；“恋曲”，专执于情恋书写。“童话”加“恋曲”，简言之，就是“纯粹”、无关历史本质和现实痒痛、少有人间烟火气的爱情故事。说这部影片“超历史”“超现实”，很多人未必赞同。因为，片头字幕里一板一眼地写着“这是一个发生在文化大革命时期的真实故事”云云，而且，影片中也充斥着一堆特定年代的特定文化符码——红宝书、毛语录、忠字舞、苏联歌曲，等等。可是，上述历史标识对影片叙事而言，仅仅是可有可无的点缀，它们除了偶尔能够迎合创作者或观众因怀旧而生发的“恋物癖”之外，并没有渗入故事的肌理当中，更不足以成为支撑剧中人思想和行为的充分条件。显而易见，剧作试图以禁欲年代为文化背景，凸显男女情爱的自然滋长和步履维艰，题材选择虽谈不上独树一帜，但也有不小开掘空间。遗憾的是，影片的影像呈现与这一初衷相去甚远，其中一个重要原因在于：禁欲的文化氛围在叙事中没有得到有足够说服力和代表性的细节支撑，以至于“禁欲”沦为了一个空泛的“所指”。静秋母亲严禁女儿早恋，魏红母亲痛心于女儿做人流手术，还有静秋和老三之间引而不发的情欲缠绵……这些举动基本上只涉及个体及家庭传统伦理的范畴，而不是一个禁锢个性、压制欲望的时代（社会）从外至里、由精神及身体强加给个体的表征。这样的表征，我们在姜文的电影《阳光灿烂的日子》里看到了，在东西的小说《后悔录》、王刚的小说《英格力士》里也读到了，在《山楂树之恋》的电影里却难觅踪迹。

说到底，静秋和老三的爱情“童话”——也就是以伦理法则抗衡身体欲望的故事——模糊了特定历史和年代的标识，在中国过去的任何一个时代（包括今天）都发生过，而且正在发生着。所以说，在历史叙事的意义上，这部影片是空洞的，也是失效的。这样来表现当然也是创作者的一种选择，无可厚非，更无谓对错；但是，由于影片斩断了特定历史语境与人的思想行为之间的深层关联，《山楂树之恋》中的人和事在它所标榜的历史面前，多少显得有些隔膜。有人也许会说，“超历史”“去历史”本就是张艺谋的艺术追求，就像凌空虚蹈的《十面埋伏》那般。问题在于：如果创作当真是从架空历史、去除历史本质的意图出发的，那为什么一定要标识一个指向性如此清晰的年代？那个年代的人和故事，同其他年代有多大的不一样？“历史”如果只是叙事的一个幌子、一件外衣，如果被抹平了差异化的特征，那么，我们对它的讲述还配得上那个狂热而又沉滞、“独一无二”的时代吗？

从情爱书写的角度来看，我以为《山楂树之恋》同张艺谋当年的《十面埋伏》如出一辙。两个故事，外壳是爱情，内核同样是爱情；起点是爱情，终点也是爱情；行为是爱情，观念还是爱情。按照我们惯常的阅读经验，爱情在叙述中常常呈现为一种开放性的结构，丰富的内容包藏其间，唯其如此，爱情或情爱才显得更为深刻，也更为厚重。这世上也许真有超凡拔俗、纯粹到极致的所谓“爱情”吧，即便如此，爱情也是通往美好生活的一条理想化的路径，人们总渴望从爱情当中剥离出更丰富的含义，关乎生命的幸福和痛楚，也关乎历史和现实。然而，在《山楂树之恋》的叙事中，静秋和老三的爱情是如此之“纯粹”，以至于超越了时代，超越了“历史”，超越了可见不可见的一切。爱情既是影片的内容，又是形式。在这里，爱情成为了影片叙事的唯一动力；不需要隐喻，不需要引申，“干净”的爱既是影片的内容，更是影片的形式——无内容的空洞的形式。如此这般的形式主义美学，在张艺谋的电影里是并不鲜见的。过去他每每习惯于将色彩、造型、构图、光影这些形式元素升格为电影的“本体”；而在这一部“返璞归真”的作品里，形式元素被刻意压制之后，他又开始找寻实践其形式主义美学的新门道——这一回，他找到的替代品是爱情本身。对张艺谋来说，纯粹的形式向来可以孤立存在。这就是《山楂树之恋》为什么会如此“干净”和“纯粹”的原因。

“纯粹”“干净”成为很多评论家颁给这部影片的褒奖辞。可资探讨的是："纯粹"和"干净"在何种意义上能够成为一种有效的美学评判概念？"纯粹"和"干净"都属于现象学的范畴，只有当它们产生了非同寻常的思想或美学力量的时候，才会涉及本质。显然，不是所有的"纯粹"都指向力量，更不是所有的"干净"都意味着深邃，我们更应该分析的是：这"纯粹"和"干净"有什么样的缘由和表现？最终又抵达了何处？毋庸置疑，《山楂树之恋》是"纯粹"而"干净"的，很有些"不着一字，尽得风流"的追求，然而，这个在单纯中展开的爱情童话，放弃了对历史本质的追索，放弃了对现实处境的观照，也放弃了对复杂而幽微的人性的探究，"纯粹"得仿佛只剩下了纯粹，"干净"得几近一览无余——除了男女主人公散发着童稚气息的烂漫天真的爱情。

观看《山楂树之恋》的时候，不自觉地频繁联想起韩国、日本、台湾出品的许多同样被冠以"纯爱"名衔的影片，记忆深刻的有《情书》《八月照相馆》《假如爱有天意》《记忆的橡皮擦》《海角七号》……清新烂漫的气质、唯美纯净的自然景观、感伤怀旧的情感基调，还有绝症加生离死别的叙事模式，不是相似，而是实实在在的类同。单就故事讲述的技巧和影片的感染力而言，《山楂树之恋》与上述影片相比也并未显出高明。老三与静秋之"纯爱"，从两人见第一面开始就缺乏合理和充分的情节铺垫，导致此后两人生死相依的恋情总不免牵强之嫌；那些仓促交代剧情的字幕，生硬地将影片的叙事整体性搅得支离破碎，更是令人费解的败笔。

如果说，"催泪"能力的高下可以算作衡量一部电影成败与否的标准之一的话，《山楂树之恋》庶几是成功的。影片里有一些细部的表现——要么是浮现在时代久远处的小物件，要么是几句朴素却纠结人心的台词，要么是主人公不禁的悲号和眼角淌下的清泪——会在某个瞬间，予人不期然的触动。而这种触动是来自单纯的怀旧、一瞬之际的共鸣，还是对人物命运的唏嘘？答案已经不太重要了。在日益被狂躁气息裹卷的银幕上，领略一下久违的清冽，感受一回纯真的心跳，已是弥足珍惜的心灵享受。在任何意义上，从"三枪"到"山楂树"，都是一次巨大的胜利——是纯净对于混乱、真诚对于"恶搞"的胜利，是张艺谋的胜利，也是电影文明本身的胜利。

无望之战与赤膊英雄

——评《天狗》

狗年颂歌

“和《可可西里》一样，《天狗》以一个发生在偏远地区的偷盗与反偷盗的故事，在震撼人心的纪实风格中，彰显一种对于正义和信念的永久坚持，哪怕这种坚持必须付出个体生命的代价。”

——我之所以愿意付出文章宝贵的第一自然段，援引某大众媒体对《天狗》的评价，为的是表达和大家共有的对于这部电影的尊敬。相比“代表中国电影创作新方向”“中国现实主义电影标杆之作”一类令人胆怯的溢美之词，显然，上述评价和电影本身要更加贴近。事先了解到学者专家、大学生们对影片的一致激赏，怀着相当高的“期待视野”等来了正版光碟的发行。看罢全片，不得不承认：“和《可可西里》一样”，这是近年来大陆电影的又一个“异数”，它的奇特、尖锐和直面现实的勇气，抵达了令人不安的地步。暮气沉沉的国产电影，的确缺少这样粗砺生猛的“破坏性力量”；至少在某种程度上，它为中了“武侠 / 奇幻”的魔咒而苟延残喘的中国电影，带来了唐突却聊胜于无的生机。从这个角度说，挑剔的专业影评人和素质不那么低的“娱记”在《天狗》面前所展露出来的集体亢奋，多少是偶然中的必然，可以视作苦闷长时间郁积后的一次忘情喷泻——是啊，好久没有为中国电影贡献掌声和眼泪，终于候着个像样点儿的，还不赶紧铆足了劲把锣儿鼓儿什么的擂起来？——商业剧拍得不亦乐乎的戚健和《天狗》，赶上这个趟了。自命不凡的陆川和《可可西里》被捧到前无古人后无来者的地步，也是一样的道理。类似的情形下，姿态胜过一切，热情蒸发了反思。通过唱集体颂歌这种古老而又陌生的方式，善良的人们忧伤地咀嚼着民族电影那莫须有的希望。

回到本文开头“某媒体”的那篇文章，该记者在刻意保持客观立场的同时，出于“万分激动”的心情，也一不小心写下了这样的句子——“2006年是狗年，中国电影界也有一条震撼灵魂、感动苍生的‘天狗’横空出世，这就是戚健导演的影片《天狗》。”我情不自禁地又读了一遍。多么让人惊讶的句子。

不能还击的战争

从任何意义上来讲，李天狗都够得上一位不折不扣的英雄。他是从战火中走来的英模。他扛着一杆公元1943年的汉阳造，威风凛凛地从“城里”进驻了山林。他拖着一条残腿，和相依为命的妻儿一道，与一座阴暗的村庄以及村庄里从“干部”到群众所有的人抗衡。即使被群殴至奄奄一息，他也能够翻山越岭回到守护的山林，游刃有余地在八秒钟之内击毙孔氏三兄弟。到了片尾，参军的儿子唤他一声“一班长”，病床上的植物人李天狗不出所料地淌下“感动苍生”的英雄泪。

忽略影片的当下语境不计，银幕上的李天狗，很容易让人联想起大家耳熟能详的若干英雄形象。为了“正义”和“信仰”，苦和累、血和汗算什么？奉献和牺牲则一定是少不了的。可是，把李天狗比作董存瑞、张志坚、狼牙山五壮士或江姐，也不是完全符合实情。老电影里的老英雄们持着“为解 放”“为人民”的乐观信仰，是不惮于用一己肉身的代价来换得“翻身农奴 把歌唱”“神州儿女尽开颜”的。通俗一点说：他们身后站着千万个“不愿 做奴隶”的骨肉同胞，他们是“血肉长城”中的一块砖或一抔土。再通俗一点说：英雄之所以从不畏惧肉搏，是因为有再明确不过的信念，是因为有强大的后盾和后援。哪怕天翻地覆“慨而慷”了，也有众 多同行的殉道者，多少不会觉得寂寞；更何况，历史的眼睛偶尔也是雪亮的，保不准还有可能造一个百世的芳名。如是这般，也就有了赤身肉搏、赴汤蹈火的动力。那么，咱们的护林英雄李天狗呢？

李天狗用他的倔强和肩上的一杆老枪，与一个“穷凶极恶”的村庄展开了殊死较量。较量双方的力量对比是如此悬殊，以至于一开始就注定了输赢结局。这是一场无望的战争。在这个“恶人村”，除了那个在水盆下留下“好人保重”纸条的匿名者，李天狗没有任何人可以依托和信赖。同样出身行伍的孔清河，扣压天狗的举报信不说，为了还债，还哆哆嗦嗦地朝天狗举起了铁锨。李天狗赤手空拳，他的敌人不是鬼子兵和白匪，而是黑压压的老百姓。所以，他只能去买三块四一瓶的可乐，只能流着泪去掘井。明明被欺诈和迫害，却连还手的机会都没有。看到此处，不得不佩服编剧的好身手。这场完全不对等的较量，即使没有硝烟，其惨烈的景象也不会逊色于上甘岭——你能够想象不能回击的战争吗？再试想一下，如果后来不是自寻死路的孔家恶少先朝这位战斗英雄开枪，李天狗有理由让愤怒的子弹脱膛而出吗？

另外一个问题是：是什么让李天狗成为一个村子的公敌？我以为，这应当是全片的“戏眼”。导演和编剧，当然不仅仅满足于讲述一个新时代的白毛女传奇，把冲突双方描绘成黑白善恶分明的黄世仁和杨白劳；显然，他们藏匿着更深的批判现实和解剖人性的意图——我坚信这一点。记得电影里有这样的原话，整个村子都是靠吃这片林子过活，李天狗的到来是断了他们的粮，要了他们的命。这是一个至关重要的提示。如果这个前提成立，那么李天狗的守护行为便陷入了两难的悖论——守或不守，都是问题——电影因此也有了真正的思辨意味。遗憾的是，在编导手中，这个关键的前提一掠而过，没有得到任何细节的支撑。以至于观众看完电影后会很自然地得出结论：泮源村从村长到小卖部老板，统统是孔家恶少的帮凶。倘若这么理解，电影倒是变得流畅而通俗了。大陆电影是非分明黑白两道的传统，观众大抵是深爱的。但倘若编导的用心果然在此，恐怕我也没有了写这篇文章的闲心。

荒谬的英雄

回到“英雄”的话题。影片提供给我最大的疑惑在于，李天狗舍己护林的英雄行为到底有多大的“可行性”。在一个尚且有法可依的社会，对邪恶和非法的抗争是不是仍然需要依靠个人的道德力量和牺牲情怀？正义的李天狗被恶霸和“刁民”逼得山穷水尽，沦落到要拿可乐洗脸、拿可乐和面、拿可乐蒸馒头的地步（可口可乐作为一个重要道具的反复出现，总觉得有些刺眼）。这还不够，天狗的儿子遭到绑架威胁，天狗的老婆被引诱和非礼，瘸脚的天狗最后还要被村里人疯狂地围殴。结果当然是，当年的战斗英雄李天狗又“英雄”了一次，他用成为植物人的代价消灭了万恶的孔家三少。

“值得”和“不值得”的话题固然老套，却不能不提及。在这里，电影《天狗》为我带来的一系列思索是：正义是不是必须靠淋漓的鲜血来诠释？英雄是不是要用无畏的牺牲来证明？“国家的林子”究竟该以怎样的方式去捍卫？有必要申明一句，笔者并不是提倡拒绝承担的极端个人主义，而是对“英雄”诞生的文化土壤存有疑虑。革命战争年代和无政府状态下的思维逻辑，该不该在一个走向法治和人道的常态社会推演？没有理由，也不应该有任何力量，去苛求一个弱小的公民成为毫不利己、视死如归的“钢铁战士”。让年幼的孩子舍生忘死抢救羊羔或扑火，让一个无助的守林人因为一片林子而被剥夺正当的生活权利乃至生命，这其实都是一样的逻辑——将“集体”不能承受之“重”置换为“个体”与“生命”不容置疑之“轻”——这是隐藏在民族思维里的最古怪和荒谬的逻辑。

《天狗》问世以来，是被当作“批判现实主义”的罕见力作来看待的。影片的确触及了“现实”某根脆弱的神经，通过一个村庄的寓言，绘出了物质年代欲望膨胀、人性扭曲的症候。但影片的批判锋芒也止步于此。它通过善与恶的二元对立，足以激发观众的正义感和道德情怀，却没有勇气将思考的锋芒指向悲剧之所以产生的根源。《天狗》最大的败笔，就是吴县长的出场。把万能钥匙交给更高一级的官员（通常是法律和道义的完美化身），甫一出马，调查真相、惩恶扬善、平反……保管一揽子解决问题。但这其实是一种偶然、虚假而又极不可靠的解决方式。在《天狗》里，乡长村长不是都忌惮于孔家的淫威吗？万一这个县长也被神通广大的孔家“降服”了呢，这个故事会有结局么？在李天狗的前任“一个比一个贪”的时候，在李天狗走投无路仰天长号的时候，请问，这位明察秋毫、为民请命的县长又在哪里呢？换个角度看，孔家恶霸被铲除，泮源村就一定太平了么？只要那片林子还是村里人谋生和发家的根本，只要这里依然是官商勾结的法律盲区，谁能担保不会出现第二家、第三家恶霸？谁能担保那些天性暴戾的村民不会刁难和虐待下一位守林人？……

上述追问，落脚点其实只有一个，即对于任何深刻的社会悲剧，我们不要奢望能从个人道德层面上寻求良方。如果不着眼于体制弊端和传统劣习，李天狗（英雄）的眼泪和吴县长（清官）的拍案而起根本无济于事，泮源村翻过这一页，类似的悲剧还将到来。自然，文艺作品是无法胜任救国拯民的神圣使命的，返观历史者若能咀出几分“历史”的真义，书写现实者若能从“现实”中提炼出真正的“问题”，已是难能可贵。如前文所述，敏感的《天狗》触及了若干值得反思的现实话题——能够提出这些话题，影片已经足够成就深刻。我们设想一下，假若单纯以警察的调查为线索来结构全片，只是袒露真相和陈述事实，放弃为英雄“正名”的意愿，放弃解决问题的画蛇添足式的企图，那么，《天狗》也许就不会落入“反腐叙事”的陈旧圈套，留下这些令人痛惜的遗憾了。

说到底，电影的深度在更大程度上来源于事实，而观点往往不那么可靠。这也是《天狗》与《可可西里》的最大差距。

谁叫你赤膊

作为一位不屈不挠的斗争者，李天狗似乎有必要强调斗争的策略。这不是一个革命“彻底性”的问题，而是一个斗争“有效性”的问题。上面讲到，李天狗同沆瀣一气的泮源村（对李天狗来说，整个村子里都是恶霸，只有大恶霸、小恶霸之分）的交锋，是力量完全不对等的角力，是输赢结局注定的战斗；在不借助外力的情形下，他根本不可能有取胜的可能。可李天狗是战场上下来的英雄，他念念不忘当年在硝烟中的殊死拼杀。为了“上面的指示”，他铁了心要把林子守卫到底。困惑在这里产生了：李天狗守卫林子的唯一结果，只能是把自己逼上穷途末路；而看林子的如果自己都走上了绝路，这林子还有保全的可能么？

事实上，李天狗可以找到更有效的方式，在保全自己和家人正当权利的前提下履行护林人的职责。比方说，既然写信没有回音，何不打个投诉电话？或者往城里跑一遭，跑林业厅告上一状？（编导显然也意识到了这一点，但天狗如果进了城，故事也许就该结束了。所以，李天狗走到半路，又莫名其妙地折了回来）可是，李天狗偏偏选择了一种最无效、最惨烈的斗争方式；这样的斗争不但于敌人毛发无损，而且近乎自戕——它可能的后果，不过是成就了主人公的英雄情结，更迁就了中国观众膜拜英雄的集体无意识。得出上述结论，多少有些残酷。有人会问，李天狗最后不是把三个恶霸给毙了么？怎么能说李天狗徒劳无获？是的，影片末尾，李天狗完成了致命一击——既是对“集体利益”的决绝捍卫，也是个人意义上畅快淋漓的复仇——但也付出了异常惨痛的代价。这里补充一句，我一直难以理解：编导为什么不让李天狗干干净净牺牲掉，偏偏要让英雄沦落为植物人，还要添上植物人流泪这样一个类似韩剧的矫情尾巴？李天狗付出的代价，并不是必需的，而且完全可以避免。用不必付出的代价去完成一件任务，是之谓徒劳。以善抗恶的最好方式，一是有效地消灭恶，二是尽可能保留善，二者不可或缺。拿善去和恶肉搏，本身就是一种损失；哪怕是像李天狗那样以一抵三，终归也是不合算的。

说起斗争的策略，不禁要绕开了多啰唆几句。坚持“韧性的战斗”的鲁迅先生，对此可是极其注重的。在他的杂文和书信里，不下数十次谈及这个话题。他反对学生流血请愿，不提倡无谓的牺牲；他一遍遍告诫战士勿要虚掷生命，“要以小本钱换得极大的利息，至少，也必须卖买相当”。在《两地书》中，他和恋人津津有味地探讨起了“壕堑战”理论——“对于社会的战斗，我是并不挺身而出的……欧战的时候，最重‘壕堑战’，战士伏在壕中，有时吸烟，也唱歌，打纸牌，喝酒，也在壕内开美术展览会，但有时忽地向敌人开他几枪。中国多暗箭，挺身而出的勇士容易丧命，这种战法是必要的罢。”更有趣的是，在写给萧军萧红的信里，鲁老先生顺手牵来了《三国志》里“虎痴”许褚赤膊上阵的典故——“我们和朋友在一起，可以脱掉衣服，但上阵要穿甲。”这意思很明白了。许褚“也就很中了好几箭”，敢情那叫活该。

才子金圣叹笑批：“谁叫你赤膊？”

让石头成为石头

——评《图雅的婚事》

枯涩的草原朔风呼啸，刚刚同瘸腿汉子巴特尔稀里糊涂干过一仗的好男人森格，操着古怪的普通话腔调一遍遍地呼喊：“图雅，你在哪里？你在哪里？”此刻，他体形粗壮的新婚妻子图雅，把自己反锁在几米外的蒙古包里，目光呆滞，忽而失声痛哭。接下来，漆黑一片的银幕上，升起的便是苍凉的乐音和片尾字幕。这便是《图雅的婚事》的煞尾。第三部征服金熊奖评委的中国电影，选择用这样的方式来召唤我们的怅想和感喟。我想表达的是，这样的结尾，终于让人们悬在心头的“巨石”安妥落地。对于不在少数的“晚节不保”的内地电影，我们的观影体验不可不谓“惨痛”——比较典型的，也许要算上一年前戚健导演的《天狗》。而图雅痛哭于新婚之际的结局，规避了大量拼盘式作品在叙事风格和价值趋向上五色杂陈（或曰“自我分裂”）的情形，从而成就了一部有着高度统一的美学尺度的电影。

这是一部自始至终彰显着隐忍力量的电影。它首先讲述的是一个用隐忍与生存抗衡的故事。干涸瘠苦的草原环境，也喻示着一名成熟女性本应丰盈的肉身。面对来自水、羊群和男人的诱惑，图雅的欲望若隐若现，却引而不发。像濒临沸点的水，时光兀自停滞，我们永远只能看到它行将沸腾的表情。很多人会以为，图雅的独特魅力在于其特立独行，在于她一女事二夫的果决。然而在我看来，图雅的所谓“异怪”举动恰恰是她谋求与生活和解的方式。图雅不是“一根筋”要为尊严讨个说法的秋菊，甚至不是《我的父亲母亲》里那个为了心上人通宵达旦编织“房梁红”、捧着青花碗在田间疾走的招娣。她的愿望和索求，几乎全部来自于生存的迫切需要，源于陷入生存绝地的焦虑和惶恐。绕不过生活的“硬道理”，也剪不断对于残疾丈夫的情感牵系，于是伦理意义上的“叛徒”——扎亚“我不是叛徒”的申辩有着别样的意味——便成为不得已而为之的选择。

图雅的“背叛”当然是极不彻底的，这从她在自杀未遂的丈夫面前近乎歇斯底里的举动可以得知。女主人对病床上浑身颤抖的男人哭喊着怒吼着：在这个家庭里，谁都有理由去死，但谁都应该好好活着。图雅这一番话，对这个家庭发生的另类故事完成了绝妙的注脚，它甚至成为了影片里唯一性的具有“煽情”效应的段落。在无法抵抗的情形下抵抗，在活不下去的境地中活着，“怎么活”便成为了最紧要的问题。嫁夫养夫的念头，是在这样的局面下产生的。我们不妨假想，除此之外，难道还有别的选择？在这里，“养夫”和自救是主要目的，嫁给谁其实并不那么重要。“好死不如赖活”的俗语放到这部电影里，变成了“好死不如怪活”——用“怪异”的方式活着，用麻木和隐忍，来抵挡掠过草原和生命荒野的风沙。

正因如此，无论是在暗恋十七年的老同学宝力尔还是五花八门的求婚者面前，图雅的面部表情都是一如既往的冷漠和平静。人性之欲，奇迹般地逃离了这幅盛开的躯体。她对爱情或情欲的渴念，被酷烈的生存现实挤兑得几乎荡然无存。她操办的似乎不是自己的婚事，而更像是在贱卖一张陈年的羊皮。也许，森格是众多求婚者中的一个例外。但显而易见的是，图雅对这个精瘦蒙古男人的“好感”，更多是因为他对于接纳巴特尔显示出了足够多的诚意。是的，电影的确透露了一些森格与图雅感情纠葛的信息，但这些零星的信息并不足以支撑二者两情相悦的结论。我愿这样揣度：森格与图雅之“暧昧”，是影片有意设下的理解的“陷阱”，或者说，仅仅是编导让故事层次丰富起来的一种手段。电影无意成就一段凄美的情缘。袒露极致环境下人的生存张力和精神空间，是编导在更深层次上的追求。所以，就在人人都以为图雅和森格这一对荒原中的男女即将上演缱绻悱恻的一幕时，王全安利落地笔锋一宕，斩断温情的线头，让痴心的掘井人森格瞬间消失得无影无踪。

上文谈到，《图雅的婚事》有着显著而又统一的美学风格。很大程度上，这得益于导演在“技”和“道”的层面上对于凸显生活本相的一致追求。从取景到镜语的运用，从人物扮相到对白，影片剔去“第六代”式的喃喃私语与自我抚慰，贯穿着一种质朴粗砺的气质。尤其值得一说的，是作品所表达的对于生活的态度。毋庸置疑，这是一部“好看”的电影，却并不是一部刻意追求戏剧性的作品，尽管王全安导演多次表达了对于讲述性、观赏性和“趣味”的看重。可资佐证的是，片中几处原本可以“出戏”和出彩的桥段（如森格掘井时被炸伤、牧羊的扎亚在暴风雪中迷失），都被导演漫不经心地一带而过。我以为，类似的处理方式恰恰是影片耐人寻味的根源。图雅一家面临的严峻生存压力，是结构剧情和推动剧情的逻辑起点。然而，在这个“大冲突”的前提之下，本应剑拔弩张的生活呈现给我们的却不是一味的焦灼、悲情和嘶喊，更多的是轻声的叹息，是沉默中的承担，是平静而又无望的等待。影片里，余男精彩的演技让我们相信：倘若图雅找不到愿意接受旧丈夫的新丈夫，苦难的日子依然会一如既往地过下去。她显然有这样的力量。如此一来，人们透过镜头窥视到的，就不再是预期中跌宕波折的情节，而是素面朝天的生活本相。影片在这里建立起了和现实之间的血肉关系。通过讲述虚构的“故事”，影片表达的却是对于真实的“生活”的理解——受难的人生无法在本质意义上被救赎，应对坚硬现实的武器常常不是悲怆的抗争，是承受、隐忍和坚韧，是图雅在影片结尾处淌落面颊的泪水。用如此淡定的口吻来叙述现实苦难，我们熟悉的当代小说家有毕飞宇、东西、鬼子和写《兄弟》之前的余华，但在中国新生代电影作品里并不常见。

俄国人什克洛夫斯基在享有盛名的文章《艺术作为手法》中说道："为了恢复对生活的感觉，为了感觉到事物，为了使石头成为石头，存在一种名为艺术的东西。"我们知道，什克洛夫斯基是论及艺术的"陌生化"时谈到上述观点的。每个人都生活在真实的现实中，为什么现实的真相反而使我们感到"陌生"和"奇特"呢？原因很简单，是由于主流或大众话语对现实习惯性的变形和扭曲。如果说，艺术的存在某种程度上是为了唤醒人们对生活的感知能力的话，那么，返归生活原生态的努力本身便是充分"艺术化"的。于是，"使石头成为石头"便成了一个艺术能动创造的过程。有意味的是，据王全安导演介绍，电影《图雅的婚事》改编自发生在甘肃的一则真实故事。这一部用洗尽铅华的质朴方式讲述真实故事的电影，见证的同样是一个"使石头成为石头"的过程；它向我们展现的，不是浸泡在一堆语词和概念中的"现实"，而是陌生的冷硬如磐的现实本身，通体赤裸，一览无余。

接受媒体采访时，王全安导演坦陈：现今的文艺片不应该再和市场对立，要主动纳入大的类型片的范畴内，成为主流市场的一部分；"不能再躲在一个'个人表达'的伞下当'大师'"；"一些评论家称这部影片（《图雅的婚事》）是'剧情片'，我很欣慰"。这样的表述同样令人欣慰，预示着更多"顽固"的新生代导演开始摆脱青春自恋和个体身份焦虑的枷锁，有了开阔的视野，逐渐远离"自敲锣鼓、勉力歌唱"的小众行为，将个体经验的表达设定在一个更大的受众范围之内。这是创作观念的嬗变，更是对电影的文化产业本性的尊重。且不论中国电影的营销弊端和体制问题，20世纪90年代初至今，新生代"文艺片"自绝于市场的症结所在并不是太过"文艺"，而在于其完全没有建构起赖以与大众、市场实现沟通的影像修辞语汇，更甚者连沟通的愿望都不曾有。事实上，观赏性同思想性、现实感从来不是一组不可调和的矛盾（这实在是老生常谈），一部电影完全有可能在激发观赏兴趣的同时成就现实价值和思想魅力。拿《疯狂的石头》来说，这部被许多人冠以“恶搞”之名的草根电影，在故事的讲述方式和影像风格上是充分“文艺化”的，让中国观众耳目一新；与此同时，它对现实的批判性反思、对时代情绪的传达也是大多现实题材作品所不能企及的。多种元素的综合作用，才成就了这部电影低成本制作口碑和票房上的双重奇迹。写作此文之前，笔者在网上看到一篇《图雅的婚事》的影评，曰“不要深度，只看电影”。“深度”和“电影”，这是一对可以等量观之的语词？“要深度”，妨碍了你“看电影”么？莫非拒绝了“深度”，就一定能更接近电影？——多么让人迷惑的标题。

如何对“文艺片”进行再定义？这是实现文艺片由“小众”向“非小众”转变的当务之急。偏重文艺型的电影未必要充当“最广大人民的精神食粮”，但确无必要被哄抬为所谓“独有仙骨”。新生代导演新世纪普遍“浮出地表”之后，随之而来的问题便是：如何让“文艺片”对大众发言？以什么样的方式发言？王全安导演所说的将“文艺片”与“类型片”接轨，提供的只是一个粗略的方向。更多更具体的思路和策略，需要在创意和创作的实践中去探询。在我看来，这不纯粹是形而上的观念问题，更是一个技巧问题，有待于电影人在“实战”中辛勤磨炼。回到《图雅的婚事》上来，窃以为：这部电影的遗珠之憾，恰恰也在于对偏重“文艺”还是取悦大众犹疑不决——在中国此前被国际电影节认同的新生代影片中，它的观赏性和观众认同度无疑是突出的；但如果将其放到走商业院线的剧情片范畴里来衡量，它在情节性、戏剧化方面的强度又还有提升的空间。这显然是苛求了。电影，从来在艺术与产业的顽强博弈、互映互动中求存。公允地说，对历经艰难蜕变的中国青年一代影人来说，身陷这一看似进退维谷的“两难”境地，本身已是渐臻成熟的先声。

讲述与寓言

——评《一一》

一场婚礼。略显混乱，也有些意外。似乎片中出现的人都聚合在一起，在被压得弯曲却苍郁丛生的绿荫底下。从这一个镜头开始，这些都市人的生命图轴才缓缓打开，裸露无余。

导演杨德昌曾谈到：关于《一一》这部电影的概念，早在15年前就成形了，但彼时的杨德昌知道自己将处理"家庭"这个主题时，仍有些彷徨，因为他觉得自己太年轻，恐怕没有办法做好，于是就把这个雏形藏在心里。一直到15年后，当要再做一个有关家庭的故事时，这个积压在心底十多年的雏形突然"渡了一口仙气，活了过来"。于是，一个对生命持有独特观照视角的故事，一串人与自我、人与人、人与空间 / 现代都市奇妙且意味深长的蒙太奇组合，织接而成一道兴味无穷的多形镜像风景。

人物／故事：城中的人生

片名曰“一一”，一个玄妙而富有哲学意趣的名字，生出无穷阐释的空间。可暗指老子所谓“道生一，一生二，二生三，三生万物”，也可以简约地理解成“把事情一一道来”。杨德昌自己说，《一一》代表一切简单自然，其实指的就是人与人之间的关系，这个关系不仅是言语的相互沟通，更重要的是情感的交流，因为他坚持每一生命个体的重要性。因此在影片中，我们看到这个家庭经历了一场婚礼，接着是一个婴儿的洗礼，最末是一场葬礼，仿佛人生的一个循环。而影片中的每个人，就像这首生命交响曲中的每一条支线，游走在这样的人生循环线上，走向可知与不可知间的最后终点。所以影片的故事结构，首先呈现为一种多线索齐头并进、独立叙述的模式，影片中的几个主人公，分别对应某个年龄段的生命，交织成喧闹都市肌理中令人不胜感怀的人生景观。

不慎中风的婆婆，俨然是影片中一个意味深长的人物。她正走向生命的尾端，而与世界的接触也在听觉视觉的钝化中逐渐减少，她常常感叹自己老了，这种老去的感觉不止在生理上，更在心理上，因为她越来越感觉到交流的阻滞与困难。于是在偶然中风后，她彻底陷入了冗长的沉默，而奇怪的是，家中或许平日和她说不上几句话的其他成员，却在她中风之后一次次地来到她床前，把她当成对话的对象，倾诉着自己的困惑与苦恼；而婆婆，也便成为生命的最后参照，成为一个旁证者的形象，见证着家人的种种生命波折与历程，仿佛回望着发生在自己身上的那些沧桑岁月里的种种悲喜过往。

片中主人公NJ，是导演最用心去塑造的。在他的身上集中爆发了人到中年之后所产生的种种生命困惑与危机，他本人，也在事业与家庭、情感与责任的冲撞中艰难地寻求着平衡。NJ从事的是最欣欣向荣的IT行业，可是他的心境却如已然落满一池的暮色。商场中的潜规则令他身心疲惫，可为了自己公司的利益，他又不得不对交托了真诚与信任的好朋友大田说抱歉。人的真性情在这个物质化的都市中不得不一次次退位，而为了生存，见风使舵也是一种无奈的举措。事业如此，情感亦如此。在阿弟的婚礼上，他在电梯前遇到了分别多年的初恋女友阿瑞，想起了自己埋藏在内心最深处的一段往事。当年因难以调和爱人的期望和自己的追求，他以爽约的方式告别了初恋，而多年以后的邂逅又唤醒了自己早已平静的心。可是此时的他，已不复是当年那个为了理想能一往无前的少年，况且他在审视自己的生活轨迹过程中，突然发现早已远离了最初的梦想。因此，当两人漫步在日本街头，他满身负荷的，不再是少年的胆怯，而是人到中年后的踌躇与承重自知的无奈止步。又一次，他掉头而去，因为身负一个家庭责任的他已然失去了选择的可能性。

NJ的妻子敏敏在婆婆跟前讲话，突然间她被一种隐形的力量击溃了，她神经质地喃喃自语："怎么会这样? 怎么会这样? 我在婆婆前讲话，讲我的生活，上午干什么，下午干什么……翻来覆去不过是那样几件事，讲不到几分钟。我突然发现，为什么我的生活那么少? 少到空白? 我受不了了，我受不了了……"敏敏发现自己的生活陷入了一个单调循环的怪圈，她找不到镜子里属于自己的那张脸，于是她转而想从宗教中寻求安慰，便去山上修行，可是后来她下山了，因为她发现山上的生活跟山下的生活没什么区别。

主人公NJ很坦白地告诉敏敏，他曾经以为如果他有第二次机会，生活会有所不同。可事实上，即便有了第二次机会，人往往还会做同样的选择，因此生活一如既往，NJ逃不掉生活的怪圈，敏敏也逃不掉单调的生活，他们各自展开一次逃脱之旅（NJ去东京，以为能再续前缘；敏敏去山上修行，以为能远离俗世的烦恼），可命运注定他们在逃脱的那一刻便已落网。

舅舅阿弟，和NJ一样，也面临着成年人的事业危机和家庭关系。但是他知道自己必须要用金钱来为生命充实意义，即便这个过程本身充满了挫败、羞辱和欺骗。他相信算命，每天都在想着如何捞钱，却总是郁郁不得志；他以为自己很能说话，可是对着自己的妈妈却什么都说不出来；他在女人之间犹疑，害怕自己的老婆不知道是为了真爱她还是不过因为她肚中的孩子；孩子满月请酒的时候，旧情人来了，老同学用这个和他开玩笑，结果自己的老婆很不高兴，和自己的同学吵了起来，他却不知道怎么办，心里充满了沮丧和懦弱；他用一次次的谎言来平衡他生活中无数次的失败。但是这样的委屈仅仅是暂时的，因为后来他的生意开始好转，只要有了金钱，那么其他的任何问题也都不是问题了。对于生命的掌握感来自于金钱，而人的生活如果沦落到只有拥有金钱才拥有意义，未免是一种悲哀。

女儿婷婷，是青春的写照，但是在这个青春里，并不是只有朦胧和浪漫，更多的是怅惘与失落。这一个善良的女孩，以为是自己的失误造成了婆婆的中风，因此内心满负歉疚之情，坐在婆婆面前真诚地忏悔。接着，她经历了一场初恋，第一次换下校服，第一次和男生牵手，第一次在高架桥下亲吻，但是美好的一切很快谢幕了，她的初恋男孩给了她一个梦，然后又亲自把它破碎了。当她还试图用乐观来面对背叛她的人时，男孩狠狠地反驳了她："如果你真懂的话，哪里还需要那些浪漫的爱情故事来安慰自己啊？"或许，初恋的成功就在于它的不成功，人生正是由一个个挫折积累起来，生命的韧性也由此产生。长大，就是要慢慢地发现世界和想象中的截然不同。

最小的洋洋，则扮演了一个先知者的角色。他有着同年龄孩子的淘气：把安全套当气球玩遭到老师的训斥，在放映厅里偷看心仪女孩雕像般的剪影，在家中洗手池里学习女孩游泳练憋气……但是这份淘气掩饰不住的是属于一个孩子的童真，他就像法国作家圣埃克苏佩利笔下的小王子那样，用一个孩子的眼睛去观察和体悟身边的世界。洋洋举起相机，拍下每个人的背面，是因为"我要告诉别人他们不知道的事情，给别人看他们看不到的东西"，那么什么是看不到的东西呢？"背影"，象征着事物的另一面，原来人们从来只看到事物的一面，却以为自己什么都看到了。由此，摄下"背影"这一举动，也具有了一种超脱的哲思，此刻的洋洋就像一个先知一样，把人们不知道的东西摆给他们看，因为他知道人们看不到什么。

家中每个人来到婆婆跟前都会说点什么，但洋洋拒绝和婆婆交流，可这并非因为他无情，而是他早就比这些大人更懂得了，婆婆有什么不知道的？他的拒绝交流反而印证了他是与婆婆交流最投契的人。因为他们一个是生命过来者，饱含着人生经验；另一个是未长大的先知，对于未知世界有着一种天生的敏感。他所有的思想都留在了婆婆的葬礼上，他把要写的话写在本子里，念给婆婆听——

> 婆婆，对不起，不是我不喜欢跟你讲话，只是我觉得，我能跟你讲的，你一定老早就知道了，不然你不会每次都叫我要听话……婆婆，我不知道的事情太多了，所以你知道我以后想做什么吗？我要去告诉别人他们不知道的事情，给别人看他们看不到的事情……婆婆，我好想你，尤其是我看到那个还没有名字的小表弟，就会想起你常跟我说的你老了，我也想跟他说，我觉得我也老了。

叙述／架构：张弛相生的建构

《一一》自婚礼而始。结婚，意味着一个家庭的建立。按照导演杨德昌的说法，影片就是要“以家庭为单位出发”，把“爸爸妈妈、青少年、小朋友及奶奶这些不同族群的生命经验”堆积在一起，整合出一种分外庞杂的生命重量，像在演绎一支各个声部都丰盈地充满着生命质感的交响乐——一支“很复杂的、互相交错的、层次感很丰富的厚度”的交响乐。笔者以为，影片的最大魅力，就是来自于这种诗章般的交响乐式的叙事结构。在某种意义上，正是得益于这种含义多元的叙事结构，故事才凸显出生命的丰富本色，为我们的观影和思维体验增添了别样的厚重与丰盈。

杨德昌曾经说过，要在每一部作品里做一件没有做过的事情；那么，在《一一》里，这件事就是如何设置一个精巧的叙事架构——“以往我们看一些大部头的长篇小说，叙事结构都是线性进行的，我在这部影片里，希望能架设一个立体的、有好多事情同时发生的结构。这样讲很抽象，看了作品以后，就会明白了。”（杨德昌语）于是我们在影片里看到，上至NJ，下到洋洋，一共形成了五六条线索。这些线索中的人物故事独立成章，彼此的生命枝条舒展伸开，各有一幅生命图景，于是便形成了“立体的、有好多事情同时发生的”的叙事结构。每一个人物的故事都具有一定的独立性，彼此之间没有所谓的戏剧矛盾和冲突，因为这些冲突都发生在人物的内心深处。很显然，影片不是以事件、激烈矛盾为轴展开的，相反，更像由一篇篇人物小传组成，然后共同阐释“生命”这个主题。

但是，这种叙事架构需要克服的一个问题就是，如果每条叙事线各说各话，那么势必会使影片看上去犹如一盘散沙，气韵难以聚集。那么，怎样结构故事才能使影片形散神聚，富有一种诗化的节奏感和艺术气质呢？杨德昌的处理，是使这些齐头并进的叙事线在某些时刻聚合，从而使影片在一瞬间产生一种击人心魄的力量，生出一种额外的意味，《一一》就是这样做的。它的众多故事线索虽然独立前行，却彼此辉映，并在适当的时机聚首。这种聚首，有时在一个大事件上被迫停顿汇集，有时却在一个小细节上不经意地相逢。

前者，在影片中，巧妙地通过几个人生的重大“仪式”——阿弟舅舅的婚礼、婆婆中风、孩子出生摆满月酒、婆婆去世的葬礼把彼此的线索聚集在一起。比如当婆婆突然中风的时候，片中的人物行动就由此产生了阻滞，他们一一来到无法出声的婆婆跟前，向她倾诉心声。NJ说住在一个屋檐下，我们都没来得及好好了解；敏敏问人生到底是怎么回事，因为她突然发现每天做的竟然是同样的事；阿弟说以为自己每天做很多事但现在发现并不是这样；婷婷怀疑自己导致婆婆撞车非常内疚；而洋洋涉世未深，对着婆婆无话可说令他苦恼。婆婆的床头，成为几条叙事线聚合相交的所在，他们的茫然和困惑虽然各不相同，却共同指问人生，构成了对各自最初目标和当下处境的一种质询。

后者，则是影片的一处神来之笔。当漫步在东京街头的NJ和旧情人共同缅怀过去时，他的女儿婷婷也在经历着人生第一次恋爱中的那些美好瞬间。影片用一个巧妙的平行蒙太奇，把父女俩的情感历程剪辑在一起，互相照应。两人都牵起了初恋情人的手，都走向旅馆，然而开了房又都止步了，女儿所走的路似乎就是父亲当年走过的，而女儿这场恋爱的结局似乎也将和父亲殊途同归。生命不过就是重复，而生活，有时真没必要再来一遍。

类似于这样的线索聚合使得影片在整体方向上在以时间为轴的同时，仍然出现许多同时发生的事件，给观众提供了一种独特的共时阅读方式。父亲NJ和女儿婷婷就成为了相互参照的生命系数，推而广之，影片对这个家庭中每个成员生命历程的描述，便能扩大为对社会上各个族群生命图景的描绘。

因而，《一一》独有的叙事架构便从不同年龄段、不同族群的视角切入，契合了一场宏大生命的交响乐章。这样的叙述方式，与巴赫金评价陀思妥耶夫斯基小说时所阐释的“复调性”特点——“有着众多的各自独立和不相融合的声音和意识，由具有充分价值的不同声音组成的真正交响”[1]——保持了若即若离的关系：声音众多，却时聚时离，张弛间维系着某种微妙的张力，让人们从割裂的镜像中看到整合，在整合中又能读出迥异的意味。这便是杨德昌的野心所在。显然，他所要讲述的，不是一个人的故事，也不仅仅是一个家庭的故事，他要从个体和某个独有家庭出发，去架构一个台湾现代社会，去铺陈一幅包含所有现代人的巨大的生命图景。导演希图观照平淡如水的日常生活，透过有意味的片段和细节，来展现各个年龄阶段的人物的命运遭际以及还原现代都市人本真的生存状态。

运镜/观照：长镜摩挲下的心灵景观

一场宏大的镜像交响，始终充满着一种荒芜和疏离的感觉。此间横亘着一个疑问：为什么要把一家人的故事分开来讲，一一道来呢？除了那几个特有的聚合和交叉之外，其余部分都是绝不干扰地各自成行，各自发展。好像不是一家子的生活，而是爸爸的管爸爸，妈妈的管妈妈，孩子的管孩子自己的，各成小宇宙，彼此不惊扰。

这样的多线叙事背后，寓示的是人与人之间淡漠疏离的关系。就连一个家族里的成员，也是各自面对各自的烦恼，即便再亲的人都没有办法施以真正有效的援手。杨德昌曾经说过：他要表现的并不是“疏离”，因为每个人

[1] 巴赫金．陀思妥耶夫斯基诗学问题［M］．北京：三联书店，1988：29.

都有自己的隐私，有很多事情不跟别人讲，并不代表你想和他“疏离”，而有时候即使你愿意讲，也未必有人听；因此，他认为并不是他喜欢拍疏离的电影，而是因为这个空间深藏在每个人的心灵。然而，这些小空间的存在却或然阻滞了某种交流，往往只有在某一特定时刻，那种隐私的东西才会一一浮现，比如中风婆婆的床跟前。其他更多的时候，我们看到的只是各人沉溺于各人的空间，一个庞杂的现代都市空间却被切割为一些冰冷生硬的个人空间。

因之，这一切也反映在导演杨德昌的用镜方式上。他和许多台湾新电影运动导演一样，对于自己的运镜方式有着一种接近于顽固的坚守。那就是，坚持用深焦摄影和长镜头运动为主的美学风格，刻意拒绝任何煽情的戏剧效果，以建立平淡、质朴、亲近的电影世界。杨德昌擅用长镜，且多搭建一种框架式构图，通过这种构图法，他往往将物理空间同人的心理空间对应起来，以此表现人的自身分裂、人与人的隔膜以及空间对人的挤压。他习惯于把人物放在狭长的走廊、封闭的过道深处，或者透过门缝观察，又或在中间加上一层玻璃遮挡，而摄影机则在一旁注视，形成一个长而冷静的凝视。这种凝视始终带有一定距离的间隔，同时冷静地捕捉着景中人物活动的细节，因此这样的凝视不免带上了一丝禅悟的味道，因为它观照的不只是表象，还是表象背后整个台北都市人的心灵境遇。

如阿弟向NJ借钱时躲在电梯旁的仓皇，婷婷与莉莉在楼道相逢时的无言对峙，这时的摄影机都是静止不动的，成为一个旁观者，见证了人与人之间是如此接近，可彼此的心灵却又如此遥远，“这种心灵的疏离恰到好处地被空间分割开来，陌生孤寂的感觉一览无余”[1]。

又如，NJ在电梯前重遇初恋情人阿瑞，两人说了几句，结果错过了电梯，后来阿瑞离开，电梯来了，但在进电梯前，阿瑞又出现了，并且激动地向NJ质问，谁知下一班电梯到后，竟碰到了熟人，阿瑞马上换上了笑脸，熟

[1] 柳宏宇．一一：生命之种种［J］．电影艺术，2002（1）．

络地与其打起招呼。在这一段长戏里，摄影机始终固定于一个位置，当阿瑞激动质询时也没有一个反打镜头表现NJ的任何反应，而一声不响的洋洋跟在父亲旁边，和摄影机一起组成了旁观元素。这样的运镜，是杨德昌所追求的，不要破坏生活的表象，而将那真实的生命状态展现出来。

再如另一幕戏，摄影机对准窗，天黑之后，房间点亮灯，这时窗上一半是屋内倒影，一半却是窗外风景，便给观众一种如雾似幻般的感觉，是对前尘往事非常恍惚的感受，似乎是人生的种种谜团堆积起来，让人一下子分辨不出什么是真相，什么又是镜像。在这种情形下，观众必须透过层层屏障去看，但是仍然会觉得不真切，很难看清，无形之中也就拉大了与影片中人物的距离，也借此凸显出现代都市背景下个体无法排遣的孤独体验。

同为台湾新电影的旗手，同样偏好与长镜头与定镜拍摄，但是杨德昌与侯孝贤却给人两种不同的感觉。侯孝贤的电影里弥漫着一股淡淡的哀愁，他那一帧帧静穆的画面是为了体现自己对乡土饱含了一份深沉含蓄的质朴情感，其中渗透的是深刻厚重的历史文化蕴涵。杨德昌却予人一种大悲后欲哭无泪的感觉，虽然观照的只是简单平凡的人物故事，却往往具有发人深省的思考分量；他以冷峻、客观的镜头语言切入都市人生活中的烦琐细节，通过对孤独、清醒、悲观的现代主题的表达，让观众为这番超越现实的冷静而又植根现实的悲悯而由衷动容。

音乐／其他：一一印证生命

现代都市是杂语喧哗的，为了表现和还原这样一个立体的、好多事情同时发生的状态，在声音上，杨德昌也一丝不苟地做出了尝试。他请来杜笃之帮忙做录音的工程，并且采用了数字杜比的音效处理，因此做出来的声音是相当细致的。在任何一个场景，不论是大到家人朋友齐现的婚宴，或者小到婷婷一个人在阳台上眺望，在总的声音环境里，仔细听，总能听到这个大的声音环境里存在着不同方向、时间先后、人物远近等很细微的关系。导演似乎是要通过这样的处理方式，以更本真的态度去还原一个现实，引导观众不但要用眼睛，同时还要用耳朵和心去细细聆听这个世界，感受这个纷繁的现代都市。

在声响中最容易被人辨别并被记住的，就是音乐。音乐从来就是电影叙事的一个重要组成因素，很多时候不是它配合叙事产生力量，而是填充了剧作的留白，并布下导演构思的细微线索。

比如《一一》的第一个镜头，新郎和新娘站在一起，满脸的木然，照说，这时配乐应该是非常喜庆的，可是我们听到婴儿刺耳的哭声划破了全场的热闹，第一声注入观众耳中的，竟然是这样不和谐的音响。由此可见，婚姻的尽头未必是幸福，而人生的磨难将步步跟进。这一声婴儿的哭叫，像是一个启示或预兆，为这个家庭将来的问题做了铺垫；如评论者所述："杨德昌利用声音给这次喜庆、这个家庭作了有距离的评价脚注。"[1]

片中的钢琴是主导配乐，开始的一场婚礼和最后婆婆的葬礼都用了钢琴。开始的钢琴声如行云流水，仿佛包裹这个家庭外部的一层平静的衣裳——毕竟是一场婚礼，预示着人生的甜美；结尾的钢琴则是在洋洋念出"可是我觉得，我也老了"那段台词之后，以重击的方式奏弹，强音符之间的停顿造成了一种阻滞的力量，此时的人生已然带上沉重的况味，接着黑屏，字幕起，在沉郁的钢琴声中，这一段人生，或曰一个社会的人生图轴缓缓合上，留下了许多难以言述的哀伤。

此外，在《一一》中，音乐也被用来表现不同人物的性格，形成对比，并暗地里抒写他们的命运。婷婷与同龄的莉莉都是两个学琴的女孩子，一个学钢琴，一个学大提琴，可是音乐对于两人来说，却有着不同的意义。婷婷像一个普通的学琴孩子，为学习而学习，音乐并没有融化在她的生活里，她也和别人说，觉得自己并没有音乐天赋。莉莉却是一个把生命融于音乐中的孩子，她和婷婷一起做饭时，一段旋律不由自主地从她嘴中蹦出来，而她一

---

[1] 罗展凤．杨德昌映画音乐笔记：从《一一》说起 [J]．看电影，2007 (341)．

人练琴时则安静专注，不管外面的天色逐渐变沉。两人对音乐的态度，一个主动，一个被动，就像对待她们的生活一样。

两人都和同一个男孩胖子谈过恋爱，但是莉莉似乎更率性些，更自主些，她主动甩了胖子，而相反，婷婷却一直是两人之间的邮差，直到两人分手，她才静静地等到了胖子的垂青，较莉莉来说，她显得被动、自持得多。虽然两人谈了恋爱，可胖子却始终对大提琴留恋不已。婷婷与胖子在音乐厅约会时，婷婷显得无动于衷，并且由于连续几个晚上的失眠，几乎都要睡了过去，可相反，胖子却被台上的贝多芬《大提琴奏鸣曲》深深感染了，是否因为心底对莉莉的眷恋？最终，在音乐上的分野似乎也导致了两人在生活中的分轨，胖子和婷婷说再见了。莉莉与婷婷在音乐上的不同，以及音乐会上演奏的大提琴曲似乎都带有一些暗示的意味，杨德昌巧妙地用音乐这一元素呈现她们的人生。

色彩也值得一提。整部电影的色彩保持了鲜活的基调，开头婚礼处非常清亮，尤其是众人走在树荫下的那一幕，清朗的天空、清幽的绿、缤纷的色彩，就像世界呈现给我们的一样；结尾处则返璞归真，葬礼上人们的黑白装束，在视觉上起到收敛的作用。这两种极为简单的色彩，极致的平淡中，却包容一切的盛大与繁华，从起点到终点，从出生到死亡。

前文曾提及，《一一》中有很多画面构图里都会加上一层玻璃。有时玻璃窗上倒映出都市夜晚流光溢彩的霓虹灯影，可是这种气象万千的景象映在窗上，是可望而不可即的，就像一种假象，有点海市蜃楼的感觉，而一面是这种现代高楼的色彩奇观，一面对应的却是现代人的芜杂心境。在面向都市波澜的窗口，导演用似真还假的色彩，映衬出了人内心与现代都市格格不入的一个侧面。

凡此种种，从故事人物到架构，从运镜到声色光影，是“非升华”的生活讲述，还是超越性的寓言？于追寻而又甘于迷失的《一一》而言，也许不得而知，也许本不是一个问题。

宁氏喜剧的续貂

——评《疯狂的赛车》

一样的“疯狂”，一样的宁浩，一样的黑色幽默和草根情结；“石头”置换成了“赛车”，破败的罗汉寺变成了人潮汹涌的豪华赛道，地道的小成本“升级”成了准高投资大制作——简言之，这就是比对两部“疯狂”之作的直观印象。作为中国本土语境下一种特立独行的电影类别，宁浩电影中超常规的复合型叙事结构、荒诞/变形化的人物处理以及射发出来的一股迷离颓败的都市气质，给观众带来的惊喜和感官冲击依然在延续。而“赛车”之于“石头”的高度相似，也是显而易见的。与其说这是导演意向明确的续貂之作，不如将其视为在资本市场强力规约下电影（作为文化工业产品）的类型模拟和“机械复制”——毕竟，小成本的《疯狂的石头》有票房飙红、震撼影坛的“前科”。

《疯狂的赛车》裹缠着多线人物，投入了故事叙述的漩涡之中。随着若干个故事交错一体，不同故事中角色的人生都被横刀拦截搅和在一起，像是一道逼近无解的数学难题，将观众的情绪和期待不断推向高潮。然而，就在那些忍俊不禁的疯狂笑料不断被抖搂出来的过程中，各路人物的境遇也不知不觉像被施了魔法一般巧合碰撞——那些轻而易举的环环相扣，那些挥洒自如的机缘巧合，在剧情紧凑合理的推进下逐渐显露，举重若轻间解开了一个又一个缠绕一团的死结。

相对中国电影常见的个体创作方式而言，超常规的庞大编剧阵容（署名编剧居然多达8人），为这部电影赋予了超常规的叙事智慧和“技术”含量。影片交错贯穿着六条线索—— 一心想安葬师父的倒霉赛车手、一对想发财娶媳妇的“职业”杀手兼笨贼、一个杀人越货的泰国毒贩、来内地进行毒品交易的台湾黑帮四人组、一个想买凶杀妻的奸商和他的富婆老婆、两个整天想破大案却无所事事的警察。影片中一切元素都在为上述六条线索的合理交错服务，几乎每一分钟都是情节之网中不可或缺的有机部分，致使影片节奏之快，完全成为了对观众智商和反应能力的极限挑战。难能可贵的是，在高强度情节的密集轰炸下，《疯狂的赛车》在剧情上并没有留给我们多少难以索解的迷惑；盘根错节的六条线索，既始终保持着相对独立，又最终在错落交合的部位得到了合理清晰的交代。编剧导演们讲故事的煞费苦心和功力之不俗，由此可窥见一斑。

就人物行为动机而言，《疯狂的石头》是一个多线索的“夺宝”故事，几路主人公的目的同是为了一枚宝石，故事的错综交锋自在情理之中。《疯狂的赛车》则不同，几路人马来历不同且动机各异：银牌赛车手为了尽孝，奸商李法拉为了赚黑心钱，乌龙黑帮为了收货，哼哈二将“杀手”为了赚钱回家娶媳妇，糊涂警察为了破案，卖墓地的商人为了拉拢生意……不同社会阶层和角色的人物之间，引发了一连串靠误会和偶然勾连的离奇故事，展开了令人啼笑皆非却又合情合理的暗斗明争。

《疯狂的赛车》中，除了倒霉的赛车手耿浩之外，还有一个重要的线索型主人公——奸商李法拉。令人印象深刻的体育场那段戏，通过李法拉的贯穿，多条重要线索完成了奇妙的织连，使影片中的重要人物悉数登场。奸商李法拉本身便是买凶杀妻者，所以他串联"杀手二人组"就代表了一条线索；而赛车手则代表了为师父出殡的这条线索，于是当赛车手不得已找卖假药的奸商索赔时，这两条线索就自然而然地结合在了一起。奸商买凶不成，杀手兄弟却错把泰国毒贩抓了起来，这样一来，又串联出台湾贩毒黑帮四人组的另一条线索。纵观全片，正是牵扯多条叙事线头的线索型主人公，对影片多线叙事的完整和连贯起到了决定性作用。如一些影评人所说，《疯狂的赛车》是继《疯狂的石头》之后又一次对英国导演盖·里奇的致敬。即便如此，能够将多线叙事演绎得如此精妙的中国导演，恐怕也只有宁浩一人。注重讲故事的智慧，用智慧讲故事，讲智慧的故事，让我们看到的不仅是宁浩的个人才华，更是该团队对待电影创作的真诚和用心。

罗伯特·麦基在《故事》里谈到写作银幕人物的三个诀窍，其中有一条是"热爱你的所有人物"。显而易见，对宁浩电影中出场的每一个人物（哪怕是走过场的配角），编剧都投入了无偏见的创作热忱，而且没有"失去自己清醒的头脑"。于是，我们看到的这两部影片，充斥着各种奇形怪状、尽显癫狂的小人物：不同的习性、背景、职业和欲望，将富有层次感和不加矫饰的草根情结展现得淋漓尽致。憨、傻、愚、笨、认死理、死乞白赖、卑微、阴鸷、险恶、凶残……各种性格符号被强化和变形处理之后，每一个戏中的"疯狂"的人物，都附着了跃然银幕、令人过目不忘的符号化魅力。在紧凑剧情的推动下，草根小人物们带着各自的故事一头栽进欲望汹涌的城市，为自己或大或小、或琐屑或阴险的目标颠沛流离、你争我夺，狭路相逢中各显神通，最终又在火花四溅的"疯狂"表演中一切归于平静——善良本分的自有善果，凶残邪恶的难逃恶报。

其貌不扬、举止猥琐的赛车手耿浩，是《疯狂的赛车》的一号主人公。"银牌车手"的光环，与他凄惨不堪而又荒诞不经的境遇相互映衬。与师父之间的至深情谊，致使他卷入一场始料未及的灾难中，欲罢不能。面对冤屈的命运，耿浩似乎并未作出正面反抗。作为一介“无产”的城市草民，他几乎丧失掉了权利追讨的意识与动力；在这个层面上，耿浩这一角色所折射出的小人物的悲哀无助以及在荒诞际遇前的无所适从，使得影片对于底层人物命运的探讨具有了一定的社会意义。当然，深谙商业电影规律的宁浩，不会违背主流商业片的价值导向定律。影片结尾，耿浩烧了一大把货真价实的美钞送师父入土为安，而且在仓皇逃窜之际夺取了梦寐以求的赛车冠军。这悲喜交加的黑色幽默式结局，多少给倒霉蛋耿浩可怜而又可悲的人生添加了一页聊以自慰的温情的注脚。

李法拉，一个卖假药、杀老婆、骗钱的典型无良奸商，屡次逃过正义惩罚之后的暴毙，也充满着宿命的意味。恶有恶报的李法拉，并非了结在警察或某个正义英雄手下，而是葬身于隧道中某件神秘的硬物。这把置李法拉于死地的利器，是导演因果善恶报应观的代言——冥冥中有一种神奇的力量，对人世做着公平公义的裁夺。两个操着西北口音的“姐夫”和“妹夫”，从杀手改行做贼，又改行做毒贩，看似笨拙，懂的道理却比谁都多：“多行不义必自毙”，“人为财死，鸟为食亡”，“没有胆量，哪有产量”，“干一行，爱一行”，还满口顺口溜，差不多赶上考研族。这两个活宝似的小人物，为了挣钱娶媳妇这朴素的愿望，陷入一场又一场失控的闹剧，在道德和法律的边缘外乞求卑微的利益，滑稽荒唐的行为背后，也时常流露出些许无奈和悲凉。和《疯狂的石头》一样，在《疯狂的赛车》中，女性再次充当着次要却不可或缺的角色：“五星级酒店”注重保护客人“secret”的女招待；被丈夫买凶杀害未遂、“反戈一击”的胖阔太；还有一直站在墓地商人背后被狠狠恶搞“潜规则”的小陆……她们不光是串联故事的线索，其弱势、被动的生存状态更像一面哈哈镜，折射出的是这个男性主导的世界所充斥的荒诞和“疯狂”。

从“石头”到“赛车”，宁浩的“疯狂”系列让我们体验了冯氏幽默、星爷“无厘头”之外的中国电影的第三类经典喜剧类型电影。宁浩在影片中用他连珠炮似的黑色幽默桥段告诉人们：喜剧电影，不是小品包袱的零散拼接，不是两个人面对面开始轮番耍嘴皮抖段子，而是一部有完整叙事意义、寄寓着人文情怀的“完整”的电影。无论是《疯狂的石头》还是《疯狂的赛车》，透过银幕上MTV式快节奏、别致考究的现代镜语，也透过戏中人的癫狂举动，在感官愉悦的背后，我们还体味到了底层草根人物的信念和尊严、温情和道义，触摸到了社会边缘人在社会动荡、命运离难前的无助和艰辛。

另外，尤其值得一提的是：宁浩电影一方面以其独到的幽默和变形手法，丰富了对各色人等的人性剖析，从而决绝否弃了善恶二元论的陈旧创作理念；另一方面，尽管影片中的人物常处于道德评判的模糊地带（老实人往往一副臭脾气、一身坏毛病，大盗大贼常常傻得可怜、憨得可爱），但归根结底，影片主调又会统一到大众认同的道德价值观念上来——简言之，即善良无辜者必得体恤，作奸犯科、十恶不赦者则必无善终。叙事角度尽可能新颖和“陌生化”，但剧情和人物命运的解决方式切不可悖逆大众的本能情感期待，应该说，这是主流商业电影（不包括某些特定的商业类型电影）需遵循的一条常识。宁浩“疯狂”系列影片之所以在中国广受追捧，不仅依托于编导的才华，也部分归结于对“常识”的倚重——在某种意义上，返归常识，恰恰也正是中国商业电影从荒芜走向繁盛的起点。

尴尬的贺岁

——评《非诚勿扰》

2008年岁末，奔影院看《非诚勿扰》，人山人海，宛若赶集。进入了放映厅，等待也换成了大家此起彼伏的笑声，一阵高过一阵；用一句北京话来形容，很多人似乎“笑得肝儿都疼了”。比起现今太多没谱的喜剧电影，冯小刚和葛优这对黄金搭档对于平民喜剧电影的回归，带给了人们在岁末不约而同回归影院的机会，也让今年的贺岁档回归了这一档期的应有之意——不再是《集结号》或者《投名状》中洋溢的沉重悲情，而是一个关于中国男人的美梦：胡思乱想的发明发了横财，跟空姐的艳遇，在梦境一样的北海道收获久远的爱情，股市也因为爱情的到来而牛气冲天……一切看上去如此美好，给经历了2008年诸如雪灾、地震、金融危机等诸多劫波而身心疲累的人们一剂迷幻药，麻痹思想，取媚感官，在一派廉价的笑声中迎接新年到来。

“跌破发行价”的大龄不靠谱海归（秦奋），征婚的过程中邂逅美丽空姐笑笑（舒淇）。尽管笑笑爱着一个有妇之夫，但是在秦奋的执著追求下，两人的爱情终得圆满。显然，影片风格是前后迥异自我分裂的。前半段很搞很喜剧，穿插了各种笑料，风格类同《甲方乙方》的小品式拼贴，靠征婚过程中不断遭遇的奇奇怪怪的状况来装填笑料：从“你怎么知道没有勇气面对”的同性恋，到“一年一次”的性冷淡；从飞机、拖拉机、汽车、牛车全上的少数民族姑娘，到给肚子里的孩子找后爹的“宝马不管修”……除了葛优愕然状和一成不变的调侃腔，似乎什么都没有剩下。后半段，又摇身变成北海道的公路片。三人团每到一地，固然照例抖出一段笑料——找上门参加大佬葬礼、找四姐妹吃花酒、找神父无休止忏悔——但整个段落是支离破碎的，松松垮垮，与剧情并没有产生有机的关联。片头“分歧终端机”的出现和结尾股市一片飘红，生衔硬接的痕迹更其明显。依然是冯氏喜剧的醒目标签：每一段单独掰开来都让人发笑，但组合在一起就显得逻辑松散不堪，无法进行整合性的读解。当然，没有人导演的“诚意”和“放下”的心态，但作为中国比较能讲故事的导演，这一次他的“本色”讲述，多少有些令人失落和失望。

《非诚勿扰》是冯小刚接连放弃《温故1942》《贵族》《特务》三个剧本之后的临时之作，2008年5月开始策划剧本，两个月拍摄和两个月后期，最后跌跌撞撞地进入了贺岁档，而且因为《赤壁》临时上映而提前了档期。这样的进度，粗糙在所难免。让很多人费解的是，就是这样一部成色等而下之的平庸之作，国内票房却轻松突破了两亿。一方面不得不说完全归功于冯小刚这一品牌的影响力，另一方面，则显现出中国电影的一种尴尬症候。

冯小刚，1990年代末以来中国电影版图中一个特立独行的人物。他的存在，往往让惯于“归代”的评论家遭遇尴尬。与出身专业院校的电影导演相比，冯小刚的生活经历较为特殊：他高中毕业后直接进入了北京军区文工团，并没有接受过正规艺术训练；在从事电影导演工作之前，他的主要身份是舞美设计、编剧。1994年，冯小刚涉足导演行列，处女作是《永失我爱》。1997年，他凭借《甲方乙方》树起了“冯氏贺岁片”的大旗。此后，《不见不散》《没完没了》《大腕》等作品较为一致地延续了“贺岁”的创作风格，备受市场和大众青睐。冯小刚曾自述道：“一个人的身份决定了他的思想方法，我给自己的定位是个市民导演。”在这样一种身份定位下，冯小刚自觉疏远了宏大叙事的意旨，而将目光始终锁定在平民阶层；通过种种滑稽、幽默、调侃、嬉闹、插科打诨的手法，他将当下中国普通百姓的生存际遇和世俗梦想进行了淋漓尽致的喜剧化表述。有意味的是，冯小刚电影中小人物成就梦想的经历暗合了他自身的“奋斗史”。戏里戏外，戏梦人生，冯小刚的人生经历如此，其早期电影中所塑造的“中国梦”亦是如此，无论是《不见不散》中的刘元，还是《甲方乙方》中的姚远、《没完没了》中的韩东，一成不变的是都市中凡俗人物的追求和奋斗，尽管他们的梦想常常荒谬无稽，但渗透其中的改变自身命运的渴望和自我抚慰、自我满足的精神力量却足以揪动人心。

很难说清，究竟是冯小刚成就了贺岁片，还是贺岁片成就了冯小刚。但冯小刚拍摄电影的目的显然不仅仅局限于“贺岁”——从《一声叹息》到《手机》《天下无贼》，从《夜宴》到《集结号》——都可以看作是他对于创作路数的一种拓展性尝试。《一声叹息》展示了都市人在家庭伦理和情感肉欲之间的尴尬抉择；《手机》融入了对科技文明带来的悖论式后果的反思；具有浓厚传奇色彩的《天下无贼》，也夹杂着人心向善的劝诫以及对淳朴人性的向往。如果说上述几部影片虽然已经脱离纯粹的喜剧形态，但依然不同程度延续了“冯氏贺岁片”惯有的戏谑基调和幽默风格的话，《夜宴》和《集结号》则利落地将喜剧元素淘洗一空，完完全全再造了一个令人惊奇和陌生的冯小刚。前者直接摹写的是《哈姆雷特》，直面人在欲望和生存困境中的沉沦，包蕴着莎士比亚或欧洲文艺复兴时代的人文精神。后者，以谷子地历经周折为战场上死难兄弟正名为线索，拨去历史尘灰，完成了对逝者荣誉、尊严的追认，也委婉地渗入了对战争中生命伦理的反思。至此，“升级版”的冯小刚放弃了耍贫式的调侃，其大众化叙述策略已然缝合到不无深刻的人文思考当中，难能可贵地为中国电影提供了一种兼容娱乐品性与人文格调的成功范式。

然而，当《非诚勿扰》突兀地出现在我们眼前时，一定有人惊诧了。回归？返璞？还是向青春致敬？答案其实出奇地简单。华谊兄弟“诚恳”地要求冯小刚拍一部当代题材，以弥补先前因《夜宴》《集结号》无法植入广告获得盈利的遗憾，作为公司股东之一的冯小刚只能够妥协。况且，走过风雨交加的2008年，走进影院的观众太需要放松紧绷了一整年的身体和思想，笑一笑，博自己一个时辰的开心了。

细心的观众从《非诚勿扰》中读到的，也许不仅仅是空洞的欢乐。影片中，秦奋送给乌桑一笔钱，说：“钱对我不算事，就是缺朋友，几个要好的已经各奔东西，我现在真想你们，我真的很孤独。”接下去的段落中，乌桑一个人开车行进在路上，口中吟唱着歌颂友情的日本歌曲，直至泣不成声。从整体戏剧解构来理解，这段冗长且完全游离于剧情架构之外的情节，似乎可以窥见冯小刚某种尴尬而微妙的心境。人生多无奈，但须坦然面对，不同的生活阶段无不如此，走一步算一步，谁又可以预计未来的际遇和去路？教堂忏悔那一段，在冷幽默的荒诞不经下，隐藏着的是一颗饱受时间和世故摧残的心；尽管努力和世界和解，躲避崇高、追求世俗，但背后却寄寓了无法被放逐的理想和深刻的悲情——这是冯小刚、王朔这一代人的“宿命”。上述两段情节尽管是对叙事节奏的一种破坏，但在我看来，恰恰是冯小刚的别一种“清醒”——它们是创作者内心感受的投射，既可以看作对商业法则的背叛，也是一览无余展露取媚市场的“诚意”过后的反思。

成于商业，也困于商业，这是存在于冯小刚身上的两难悖论。媒体报道：快60岁的冯导演，这次为了《非诚勿扰》可以说是不遗余力，在全国各个城市奔波宣传，马不停蹄。其中有一个细节：一次，成都一个影城开业，因为堵车，冯小刚导演困在了路上，为了赶上观众见面会，冯小刚下了车，小跑着奔向了影院，大汗淋漓。

在《三联生活周刊》的一篇采访中，冯小刚不无得意地提到：他不担心《非诚勿扰》的票房，因为他有观众给他撑腰就够了。我想，他是做到了。问题是，这真的足够吗？

凤爪的阴谋

——评《无穷动》

Perpetual Motion——一个充满着情色暧昧意味的诡秘片名。它的背后，布下的是一个散发着“伪女性主义”刺鼻气息的先锋叙事圈套。这是我对这部奇特的电影的首要判断。但不得不承认，我已经很长时间没有如此“诡异”的观影体验了；如果说形式带来的陌生感足以成为一部电影的重要取舍标准的话，那么，宁瀛和几个中年女小资鼓捣出来的这样一部“沙龙电影”至少不能说是一无足观罢。

事实上，我更想说的是，如果不是“看上去很美”的局部先锋影像策略——个别镜头的拍摄剪辑和情境的处理“相当”有意味，比方说女人们捧着姜汁熬的凤爪长时间又吮又咬又舔——这部影片将会是一个极尽空洞和怪诞的文本。影片立足的当然是所谓的“女性主义”立场（整部片子居然没有见到一个男人，当然除了大街上远远的面目模糊的民工），这自是无可非议；遗憾的是，这个自许以极端姿态出现的“女性主义”文本所提供的对女性欲望的书写，不仅流于浮浅，甚至表露出若干自相矛盾的症候。

按照导演的说法，“无穷动”试图揭示“现代女性无穷涌动的内心欲望”，影片的目的锁定在“消灭完美女性的想象”。就前者而言，不消说“新人类”棉棉、卫慧，自从20世纪80年代王安忆、林白、陈染一代人开始，关于女性的欲望书写早已为我们所司空见惯。不难看到，在《私人生活》《一个人的战争》《上海宝贝》中，女性的欲望才称得上以“无穷（涌）动”的方式得以凸显；因为这些文本中的都市女主人公们对肉身的沉迷和对欲望的追逐，已经成为了女性赖以实现自身解放的一种“武器”。其决绝之处在于：已经决然摆脱了家庭之负、伦理之负、终极意义之负；换句话说，她们对“女权”的尊崇和膜拜，已经不屑于通过对男权和传统观念话语的抨击来实现——真正意义上的颠覆，一定是重建，而不是满怀义愤的摧毁。反过来看这部电影，男人自始至终是潜在而可恶的“假想敌”（整个故事起源于男人的“外遇”，到了片尾，还要让从未出场的男主人公和18岁的小情人死于马甸桥的车祸），四个女人在四合院里的一切哀怨、愤怒、感伤和犹疑，都是围绕男人的虚伪、懦弱与背叛展开，缺席的男性成为了作品实质性的主角。也就是说，是男人而不是女人要了这部电影的“命”。如此看来，这还能算是“女性无穷涌动的内心欲望”吗？难道，洪晃刘索拉李勤勤们的神经质、泪水和疯癫，不是恰恰中了传统婚姻家庭观念的“魔咒”么？在这个意义上，这几个富足、慵懒、姿色颓败的海归中年女人，仅仅凭借几句追忆爱情的痞话俏皮话就能达到“让欲望作主”的目的么？——答案是不言自明的。编导从张扬欲望出发，最终却走到了欲望的反面，欲望仅仅成为唇齿间的一个曼妙说辞——借用洪晃在片中的一句粗鄙的台词，叫作Mind fuck。

就后者而言，我的一个迫切的疑问是：在现今的中国都市，“东方女性所固有的柔弱、温顺、压抑的形象”，莫非还是男性对女同胞们的一致想象？如果说，类似的陈旧思维模式在当下早就应该被校正的话，那么，所谓“颠覆人们特别是男人对于东方女性完美形象的想象”一说便是一个不折不扣的伪命题。它仅仅是一个堕落在20世纪甚至更早时期的善良的能指，它的所指已经迷失在时代的浩荡烟云之中。不是王朔一干人拍拍脑袋捏造了一个《渴望》，所有中国女同胞就集体刘慧芳了。在一个思维观念、行为方式像万花筒般缭乱的年代，这实在是一个不小的误会。况且，假设导演的预设是合理的（仅仅是假设），片中的洪晃刘索拉也不仅没有构成对“东方女性”传统形象的所谓“颠覆”，反而宿命般地印证了中国小女人的软弱、压抑与可悲可叹。片尾刘索拉的疯癫，另外三个女人游魂似的在清晨的北京大街上晃荡，便是最好的注脚了。

那场啃凤爪的戏，冗长而单调，给观者带来的更多是心理和生理的双重不适。我想说的是：美味的凤爪终归还是凤爪，极力掩饰、故作镇定的算计终归还是一场“阴谋”，哪怕它身披一副貌似先锋的躯壳。

后王家卫时代的“民族寓言”
——评《伊莎贝拉》

逼仄的都市空间呈现，破碎而颓败的情绪，缭乱的光影处处填塞着潮润暧昧的气息。彭浩翔的《伊莎贝拉》，多少残留或者说延宕着王家卫的镜像“阴影”——这是我最直观的体验。

我以为，与其认为王家卫电影的破碎和虚无直接衍生于后现代文化语境，毋宁认为王氏美学风格是20世纪90年代香港寓言的后现代变体。也就是说，王家卫首先完成的是中规中矩的“香港叙事”，其次才是向西方作者电影大师们致敬。无论是《阿飞正传》还是《重庆森林》，无论是《堕落天使》抑或《花样年华》——逃遁不了的宿命、对生命碎屑尘埃的致命流连、现实认同的障碍、苍凉的坚守、寻找的失败以及寻找本身的虚妄——个中传达的迷宫般的主题意象和叙事动机，与香港和香港文化精神作为典型的“后殖民”文化符号体系，在90年代遭遇的“断裂”有着或深或浅的联系。在这个意义上，王家卫更像是一位“现实主义”艺术家：他用飘忽而又异常精准的方式，复现了港人在一个因未知而惶恐的年代同样动荡不安的内心世界。于是，在杜可风的短焦广角镜头下，张国荣梁朝伟张曼玉王菲金城武们才不断地沉迷而又不断地寻找，像“无足鸟”一样醉生梦死、永无休止地飞翔，最终，依然跌入无法救赎的深渊。

说到这里，我不得不重温杰姆逊饱含诅咒意味的谶语。在第三世界，那些看似关于个人和力比多驱力的文本，常常以“民族寓言”的方式出现；换句话说，在讲述关于个人与个人经验的故事时，艺术家总是包含了对整个集体本身的经验的艰难叙述。把香港电影划入“第三世界文本”的范畴，当然是一个常识性的错误。然而问题在于，当“非第三世界文本”被置于向第三世界无限趋近的现实语境和想象之中时，其能指与所指会发生怎样的变化呢？当然，这仅仅是特例，比如“九七”前后的香港，比如“九九”前后的澳门，比如这一部《伊莎贝拉》。

我眼中的《伊莎贝拉》，是典型的“后王家卫叙事”。彭浩翔讨巧地把故事移到了澳门，而且，故事展开的起点就是“回归前的第四十八天”。这个故事里，有王家卫电影中屡见不鲜的昏暗迷离的小街窄巷，有王家卫电影里的色彩、光影和构图；连突然变得很深沉的“傻强”杜汶泽，也偶尔展露出类似梁朝伟的空洞眼神。更重要的是，贯穿这个故事的“迷失”和“寻找”，非常明显地喻示着对国族身份的追认。追认的方式可以“相当”暧昧，但追认的态度却是决绝的。

对于“追认”的本质对象，编导提供的悖论式阐释颇有意味。片中的马振成和张碧欣是父女，还是情人？——如果是前者，那么他们显然有“乱伦”的嫌疑；如果是后者，两人的爱情同样是值得怀疑的，因为，马振成对张碧欣的感情显然是出于一种“错位”的父爱。自始至终，作家出身的彭浩翔，便让他的电影和男女主人公处于这样的困境之中。

当然，答案是不存在的。这才是真正深刻的寓言。

不够彻底的“轻盈”

——评《圆明园》

居家看《圆明园》一类的影片，又在白日，便自然要把窗帘统统拉上，沏一壶茶水，哪怕不喝，也需在茶香缭绕间勾出一道历史的幽味。声音不宜过大，但一定要听得铿锵入耳，最好带一些“环绕”的效果。形式感之于观影的体验，其重要性是毋须多提的。也许有人会发问，既如此，为什么不索性抛几个银子去星美影城潇洒一回呢？在我这里，值得耗时耗财的片子有两类：一类是专门为影院而生的片子（尤指所谓“大片”“巨片”），其中有让人瞠目无语的《金刚》与《铁达尼号》，也有金玉其表与败絮其内同样惊天动地的《无极》与《十面》。这一类片子，好与坏都必须到影院里去找答案。奇观化视听效果，注定是它们在形式甚至内容上的有机构成。另一类是需要静思的对象，容不得被影院里撕扯零食包装袋声、嗑瓜子声和婴孩的哭喊所干扰，最好在独处的环境下进行，不需要与人分享。最好的选择，自然是在自个儿家里。何况从收藏的角度来看，永久性地保持随时重温“银梦”的可能，是多么令人愉悦的体验。每次去北太平庄新影厂对面的音像店，最害怕的是犹犹豫豫无从下手，最幸福的是能够攥着几张值得收藏的正版碟，然后在摇摇晃晃的830车厢里来来回回搜索碟片封皮上的海报和故事简介，不知不觉就回到了双井桥。

一部《圆明园》，看了我将近两个半小时。很多处地方都倒了回去反复寻味，这是我看纪录片的习惯。与电视版的《故宫》相比，大气不减，且更为精致。每一句解说、每一个镜头、每一处特技都可以见出创作者的激情和运思。一向寒碜的科影厂居然祭出了这样的“巨制”，多少改变了一些人认为科影厂只适合拍摄科普专题片（水稻育种、蔬菜养殖之类）的陈年印象。若论影片的观赏性，《圆明园》恐怕不会输给Discovery频道的人文纪录片——事实上，现今中国很多历史人文类纪录片导演，本就是奉Discovery为圭臬的，在链状叙事、悬念推进、情景模拟甚至视觉符号上都留下了浓厚的模仿痕迹。而且，有《故宫》的探索在前，《圆明园》的继承与超越在后，中国纪录片创作者在面对类似的传奇化宫廷史诗题材之时，已经培植起了较为成熟的叙事策略和影像风格。说到底，最应该感谢的是历史。对于深邃浩渺的历史，我们今天呈现或纪录的影像，渺小得简直不值一提。但毕竟不能否认：沉重如磐且风云诡异的中国历史，为中国的纪录片创作提供了无与伦比的文化资源；更重要的是，异常丰盛的历史人文库藏正逐步唤起影像纪录者们的文化自觉与自信，也许，这才是中国纪录片予人最值得乐观的希冀。

回到影片本身，上半部聚焦圆明园的肇建，历史细节分寸拿捏得当，叙事结构与故事情节精巧而颇具匠心。宫廷画师郎世宁的回忆与纪录者的陈述织接得相当巧妙，称得上是复线型叙事和交叉蒙太奇的经典教科书。片中角色的扮演者也个个身手不凡，在几乎没有对白的情形下，仅用眼神和体语就近乎完美地承担了各自的叙事功能。康熙皇帝、胤祯、弘历三代人聚首畅春园的一场戏，别样娇妍的牡丹丛中，声光影像的造型功能几乎被发挥到极致，如诗如梦，意境悠远，让人过目不忘。有意味的是，从自负且蒙昧的乾隆以降，伴随着清王朝愈加沉重的步履，影片渐渐失却了此前灵动的神采，节奏也变得迟缓、滞重起来。在这里，编导的意图是显而易见的：对于以圆明园之毁灭来喻示的中国封建王朝由盛而衰的悲剧命运，观者应该多有哀思，而不应是事不关己的猎奇和把玩之心。这当然无可厚非。可由此而来的影片风格上的前后落差也是不争之实。例如，将西方工业文明崛起与“天朝上国”农耕文明之日趋没落进行比对的段落，主创者试图超拔于诡谲的历史迷宫之外，表现出迫不及待的观念陈说的欲望；其直接后果却是，不由自主袭用了传统型政论片泛泛而论、“辞”不达意的路数，生动可感、有人性质地的历史细节付之缺失，不免给人以隔靴搔痒之叹。

在我看来，纪录型影像作品并不足以承担建构历史观念之重；它的起点和核心价值，应该是被“大历史”湮没而又或隐或显契合于历史进程的有意味的细节。对于历史的认知主体来说，历史是一个无法穷尽的话语空间，每个人都只能在自身能力限度之内了解和把握历史。这样一来，绝对意义上的历史本体只能存在于个人想象的乌托邦，我们所认知的“历史”也无外乎经过信仰、观念、利益诉求、意识形态改造了的历史，即“理论先于历史”（雷蒙·阿隆）。承认这个悲观的事实，当然不是要取缔“历史”的合法性，而是让我们拥有更多接近历史“本相”的途径。纪录，正是这诸多途径中至关重要的一种。既然我们无从也无力求得历史的“定解”，客观、忠实、朴素的纪录也就成为了见证历史和还原历史最可信赖的方式。对于真正以“纪录”为使命的文艺形式，“回到历史现场”比对“历史”的阐释更重要——“历史”永恒无言，无法被完整地规约和精密地索解。

之所以绕偌大一个弯，我想说的不过是，不要为了建构起所谓的历史“整体观”，而牺牲掉了历史的真正魅力。很大程度上，是那些微不足道的“细节”成就了历史；纪录者要做的，就是捡拾起那些零落在时光褶皱里的碎片，来一点点缝合本质上无法被复原的记忆。所以说，关注细部的“轻盈”的叙事，恰恰是穿越沉滞历史的利器。影片《圆明园》后半部的缺憾，症结就在于其“以大搏大”，在于其不够“轻盈”、不够“专注”和“执著”，在于其过于宏大也过于外化的历史观念。除此之外，让人意犹未尽的是，圆明园的被焚与被毁，远未像中学历史教科书描写的那么简单。除去清王朝的衰败与英格兰、法兰西“两个强盗”的凶残，史料与民间口口相传的记载，尚留下很多被长期忽略却又值得玩味的“细节”。自诩文明的西方人，为什么要用如此惨烈极端的方式来毁灭“万园之园”？什么才是他们愤怒的由头？而圆明园最终沦为今日这般光景，难辞其咎的还有谁？……正因为那些深有意味的“细节”，我们对圆明园的理解和反思，才不至于仅仅局限在文明进化论、暴力侵略论的范畴。史观之重构，当然不是更换历史词条这般单纯。联想起电视剧《走向共和》的遭际，导演金铁木对这些“细节”的回避，也许是另有隐衷？

如上所述，自是源于喜爱的一种苛求。同为一名纪录片写作者，我深知创作过程中如同炼狱一般的艰辛。几乎遍尝各种影视文体的写作之后，就个人体验而言，历史人文类纪录片对写作者学养、文化储备、文学涵养、文字功底、素材占有量的要求无疑是最高的。像近年问世的《圆明园》《故宫》《再说长江》，且不论是否尽如人意，至少是值得尊敬的智慧之作、心血之作。其中，每一处转承、每一点发现、每一句解说，看似轻巧之处，往往历经百千次锤炼，是不折不扣的厚积与薄发。

偶像片的穷途

——评《第601个电话》

直到写下这个标题的前一刻，我都不能确定，怎么会产生言说这样一个对象的欲望。是啊，朋友，让我怎样描述刚刚看过的这部电影呢？

韩国的爱情电影，故事情节推进到三分之一处时，主人公通常要在盥洗室的镜子面前，鼻孔或嘴角缓缓溢出血丝，或者惊见面色悚人的惨白，或者变得视力模糊、记忆丧失……印象较深的，至少有《八月照相馆》《向左爱、向右爱》《记忆的橡皮擦》《连理枝》，电视剧《蓝色生死恋》这么几部。人家的确是俗，可俗得有“技术含量”。一个花样玩一百遍观众还不厌烦，可不是一件轻而易举的事。身在这样一个电影的发展中国度，模仿不是什么见不得人的事，甚至连照搬和“移用”都没关系，瞧人家宁浩，在电视节目里面对柴静直瞪瞪的眼神，不慌不忙答：“人得虚心，人得向别人学，你做得不好，就应该先向别人学习。”问题在于，“抄”也应该“抄”得有智慧一点，至少别太走样。也正是因为“抄”的功夫比较靠谱，宁浩的“石头”才立得稳稳当当。为了浪漫，编导一定要您的主人公惨死，这令人毫无办法。可是，您怎么就非得让好端端一英俊少男大口大口吐血、大把大把脱头发呢？除此之外，敢情就没有稍微高明一点点的伎俩了么？

更让人困惑的是，编导有什么理由一定要置片中的胡歌于死地？请给他一个死亡的理由。没错，他是一个追星的粉丝，但他更是一个有着生命尊严和价值的人；他死亡的“终极”意义，难道仅仅是换来张柏芝泪流满面地在舞台上演唱自己谱写的一支歌曲？少年胡歌有这样一个“梦”，这个“梦”在他活着的时候没有实现的可能；于是，为了圆“梦”，胡歌必须死。于是，电影讲述了一个追星粉丝的非正常死亡，我们看不到他对生命和生存的渴望，看不到他对青春消逝的绝望和流连，甚至看不到一个年轻生命面对死神的本能惊恐。这个角色在电影中的死亡，最后什么都证明不了，只成全了“追星”这个无聊且无稽的“梦”。观众朋友们，这就是编导对死亡和人的生命的理解——以一个荒诞的“梦”的名义。哪怕是古怪的道理，也不能用没有道理的方式来讲述；越不可信的逻辑，也越不能用滑稽的方式来表达。这是商业编剧的常识。《601》，二者占全了。

据说，这部电影缘起于前些年明星电话号码被发布的一桩公案。从新闻里挑选电影题材，是当下时兴的手段。这倒与故事电影作为文化工业产品的本质特征相符，个中利弊这里不拟细说。我关注的只是，这个并不那么精彩的新闻由头，在影片里会得到怎样的延展和阐发。然而事实却是，这则新闻唯一可能引发的关于隐私问题的反思在影片中蒸发得干干净净；编剧和导演施了暗度陈仓的妙计，雄赳赳地朝青春偶像的路线挺进。当然，主创也有自己的花样辩词：谁说要探讨隐私权了？咱要做的是“诠释都市人心境的孤独”（导演张国立语）。这个解释挺能唬人，不知内情者会将张导误当作王家卫。好吧，那么我们不妨来看看镜头下这些“孤独”的都市人吧。

胡歌前面说过了，这孩子命苦，头发一抓一大把地脱，血一口一口地吐，在天顶玩摇滚，把胖东家气得张开血盆大口，把鸽子赶得飞进飞出。搞摇滚、患绝症、无家可归，于是“孤独”了。ZBC，一个公司小职员，最近比较烦比较烦比较烦，男朋友被同事抢，莫名其妙掉进下水道，还成天被电话骚扰。倒霉到老想换名字的地步，能不“孤独”吗？张柏芝当然更“孤独”了，一个合同在身的偶像歌手，摇身变成了春晚舞台上浩然正气扑面而来的军旅歌唱家，开口闭口“音乐是一个歌手的灵魂”，“告诉你，我不是卖唱的！”，“你知道，我唱歌不是为了钱！”一个偶像歌手有这么高的道德境界，宁肯撕毁合同也不放弃“灵魂”，在一干嗜钱如命的屑小唧唧歪歪的算计下，实在是“孤独”极了。如上所述，就是影片对“孤独”的理解——编剧不厌其烦地把“孤独”的种种外象拼接在一起，却单单忘记了：孤独更大意义上是一种深沉的内心体验，当银幕影像不足以触及人物的精神内里之时，所谓的“孤独”只能是一种廉价的装扮。饶有意味的是，编剧还刻意阻断了三位主人公之间任何面对面的交流，用封闭的“空间”和硬性的“隔膜”来渲染这种孤独感——客观地说，这是该片在结构上唯一的智慧之处，但相当遗憾的是，由于故事的牵强、细节的空洞、情感铺垫的苍白生硬，三个人物在各自独立的叙事空间里成了游荡的孤魂，是三张怎么都揉不到一块的软皮膏。当然，并置也是一种可以产生意义的结构方式，但我们不要忘了：编剧未必对“后现代”“后结构”这一套感兴趣，他试图讲述的，首先是一个情节自足、结构工整的通俗故事片。

20世纪90年代以来，中国文化进入一个容易速成亦助长速朽的时代，观念嬗变的规模与速度，甚至超过过去半个世纪的总和。年长的一辈要做到与“新生代”的思维观念合拍，恐怕不是一句“与时俱进”就可以解决根本问题的。这个意义上，代际之间，“沟通”的失效成为常理，“隔膜”则是恒定的事实。设想一下，如果70年代生的伍仕贤换了50年代生的张艺谋或陈凯歌，谁能担保《独自等待》不会变成另一本《龙血树》或另一部《孩子王》？此外，如果铁了心要走偶像言情的路线，最好还是毕恭毕敬地学一学韩国同行的手艺；谨慎地“拿来”，终归要比毫无头绪地穷途摸索有意义得多。

就我的体验而言，自《暖》以后，“动情”的国产电影几乎绝了种。互联网的资讯共享和观念传播，使观众的审美品位和表述水平都完成了质的“飞跃”。如今，滑稽和笨拙，永远只可能换来讨檄的滔滔口水，而不是期望中的涟涟泪珠。据媒体报道，导演在新闻发布会上宣称：“电影在后期混录过程中，我常发现身边的工作人员手里都攥着纸巾擦眼泪，这让我很满足。”这样的表述有很强的蛊惑力，让人产生带上卷筒纸进电影院的冲动。可是仔细一想，这句话有两个疑点：其一，擦眼泪的理由有很多种，比如失望之极，比如滑稽透顶（可笑到让人流泪，近年来的国产大片向来不惮于此道的），也比如超女粉丝看到了心目中的偶像，有没有这些可能呢？其二，面向大众的商业电影，导演或编剧自己爽不爽完全不重要；满意不满意，这个评语恐怕要交还给火眼金睛的人民群众才是。

我愿为吴宇森辩护

——评《赤壁》

对《赤壁》的期望很高，不是因为吴宇森，而是因为它讲述三国。看完之后，感觉倒也舒坦：有惊喜，但谈不上激动；有疑惑，但也并不失望。有人说，大片是一种病。我想说，无度的滔滔口水也是一种罪行。观影过程中印象尤深的，是万达影院里一阵又一阵放肆的笑声。“多吃一点”了，笑一阵；“略懂”了，大笑一阵；“匹女”了，又狂笑一阵。不消说，这些在黑暗中笑声如此放荡的观众，大部分都是先从网络上搜集了那些被反复传颂的“笑料”。习惯用别人的大脑支配自己言行的人们，前仆后继来到影院，莫非是只为和着人家的口水发出豪壮的笑声，以显示自己灵魂和智力上的优胜?

当然，关于“笑场”，有个重要问题需要澄清。“可笑”和“笑”是两回事。即便《赤壁》当真那么让人发笑，我们也要区分：哪些是刻意为之的喜剧效果，哪些是理解障碍造成的隔膜，哪些又是台词本身的“幼稚”和“无稽”？吴宇森苦心孤诣往这场正剧里注入幽默元素，这是显而易见的——典型的“好莱坞”伎俩。个人感觉是，除周瑜“萌萌”、关羽“读书有饭吃”几处令人费解的败笔外，并无大不妥之处。一些网民总结的所谓“雷人桥段”，则大多带着对剧中人先入为主的判断，未必公允。至于网络上连成一片的讽刺嘲笑，也未必是列位看官诚实的心理反应，从众心理作祟罢了。

有感于中国“前大片”的“去中国化”“去历史化”倾向，我曾经撰写过对《无极》《十面埋伏》这一类异怪之作的激烈批判文章。“拨乱反正”的氛围，要一点一滴营造。在中国呼唤真正本土化的历史大片的意义上，我坚持认为《墨攻》提供了一个转捩的契机，为国产商业大片诚意书写中国历史开启了先河。然而，讲述中国历史和中国古典哲学思想的《墨攻》，居然取材于日本漫画，漫画也改编自某日本小说家的同名作。这样的事实，令人备觉尴尬。同样，在这个意义上，我要对这样一部《赤壁》表示敬意；这是一个关键的开端，也是一个重要的信号——于国产古装大片而言，返归中国本土、贴近民族历史方是沧桑正道。正因为前人的足迹扭曲过甚，返归正道的努力才显得如斯可贵、如斯艰难。

当然，《赤壁》的题材上佳，并不意味着就拥有了“技术评判”的豁免权。可反过来说，哪怕是吹毛求疵的“技术评判”，也似乎应当在整体评估全片气象、气度、气质的基础上进行。如果完全漠视这部影片于国产古装片的创新意义和对于中国历史的开掘之功，只是锱铢必较地纠缠于它在情节、台词、人物扮相上可能的漏洞，同样是一种偏颇。从史学、考据学、逻辑学、真假道学的角度去跟一部以市场营利为主打诉求的商业电影较真，大可不必。我相信，任何有三国情结的人，任何对那个群雄逐鹿的英雄时代怀有憧憬的人，都会在电影《赤壁》里找寻到令自己感怀的人物或片段。至于那些认定《赤壁》一无是处、将其劈头盖脸全盘推翻的人，要么是睁眼说着违心的黑话，要么是患了伪精英的臆想症而陷入了价值判断的迷乱，令人惊诧莫名。

再强调一句：我之所以愿意为吴宇森及其《赤壁》辩护，不是因为这部影片多么好，而是因为它没有传说中的那么坏。坊间很多批判《赤壁》的评论，都义无反顾地露出了马脚——那就是，以《三国演义》作为参照系来评判电影的得失。于是，不见了诸葛亮的“舌战群儒”、张翼德的“一夫当关”、关云长的“义薄云天”，不见了“既生瑜，何生亮”的千古慨叹；于是，电影变得“没有人物，没有性格，没有气节，没有灵魂，没有精神”，沦为“暴力和色情的弱智游戏”（清华某教授语）。这样的撒气式评论，从立论基点上看就是荒谬的。凭什么《赤壁》一定要忠实于《三国演义》？《三国演义》又在多大程度上忠实于史实了呢？六百年前的罗贯中可以凭借上天入地的想象演义三国往事，为什么今人就不可以？

我以为，倘《赤壁》果真有重写三国历史的抱负，那么它对《三国演义》的“背叛”和“颠覆”显然还不够彻底。真正的“重写”，基于灵魂和精神气韵的重构。只要“尊刘抑曹”“汉室正统”的观念没有变，此《赤壁》骨子里还是彼《三国演义》的翻版，折腾来折腾去也无非是一些细节、情节上的调整增删。也难怪乎有那么多人一根筋似地老以《三国演义》的尺度来评判电影。为什么不让诗人革命家曹操更可爱一些呢？为什么不给总是道貌岸然的刘备一些揶揄？为什么不让小乔和周瑜的爱情更轰轰烈烈？既然史书和词赋里有类似的记叙，那么，“捕风捉影”“小题大做”不正是历史演义者最应该热衷的事情么？同为虚造的演义，就不存在谁对谁错、谁一定要依附于谁，剩下的问题只能是——谁更精彩、谁更合乎逻辑、谁更能震撼心灵？在这里，吴宇森的致命困境在于：罗贯中的作品太深入人心，太不可撼动，太难以超越。所以，尽管吴导演一心想着要描绘“自己心中的三国”，却自觉不自觉地慑服于《三国演义》的庞大气场，除了在细枝末节上的一些调整修饰（谈不上篡改）外，终归不敢往前更进一步。于是乎，现今的《赤壁》，游离在类《三国演义》和反《三国演义》、创造和反创造之间，成为了银幕上的“半吊子”，让喜新的朋友不甚满足，又让《三国演义》的拥趸们义愤填膺。如此而已。

即便是贡献过《英雄本色》《喋血双雄》和《变脸》的吴宇森，也不至于狂妄到要与罗贯中比拼讲故事水平的地步；营造声像奇观，便成为了征服看客最“靠谱”的本事——阵势骇人的八卦阵、星罗棋布的曹军战船，还有瑜亮二人的古琴PK、火烧赤壁的磅礴阵势，都如滔滔江水呼啸而来。在这一点上，《赤壁》对得起它史无前例的投资，在视听奇观的层面上，它至少在国产电影里是出类拔萃的。

看《赤壁》，最感到不安的地方，依然是影片中贯穿始终的暴力杀戮。镜头沉迷于血腥刺激的暴力场面，尽情挥洒着杀戮中的淋漓快意。《赤壁》这一题材，本提供了绝佳的演绎古典人伦、情义、智慧的空间，这才是编导应当着力诠释的题旨，是影片的精神魂魄；战场厮杀的场面，也不必如此坐实，可以用更诗意、更浪漫、更空灵的方式处理。说得好听，这当中折射出的是中国人潜在的嗜血欲望；说得不好听，还是编导创作理念的偏失。

理由比表象更重要

——评《理发师》

《理发师》，这是一位画家、一位在全球化时代奇迹般沟通了“海上之梦”与古典人文气质的文化经营家为之付出生命代价的作品。我以为，这是解读它的心理前提。所以，在我对于这部电影的零零碎碎的观感中，最重要的一个关键词乃是“敬意”——尊敬于一个远逝的精致生命，尊敬于逸飞先生为这部电影倾入的超乎寻常的毅力和执著；同时，也尊敬于影片中那些时代离乱中悲情男女的苦难人生。

我想表达的另一层意思是：很多时候，情感尊敬与价值判定未必可以等同。对艺术成品的态度尤其如此。就个人的体验来说，一度成为“话题”和“事件”的《理发师》，整体上是令人失望的；即使在国产影片的范畴内，它也很难称得上“杰出”。原因很多，先往大了讲。在主题蕴涵的层面，影片展现的是个体命运在历史变迁中令人感怀的颠沛沉浮；就作品选取的民间视角和历史跨度而言，我们很容易将其和《活着》相比。一个是理发师，一个是皮影匠；几近雷同的时代线索和故事背景；同样把镜头对准了卑微而又可钦敬的草根小民，讲述“小人物”的生存被“大时代”所倾轧的凄怆悲歌。然而遗憾的是，同历史和人物血脉相连的《活着》相比，历史车轮的前进在《理发师》中仅仅成为了一块若隐若现的“幕布”，看似确凿的历史事实上“不在场”；具体来说，“历史”和人物命运之间的关系不具有唯一的指向性，陆平嘉仪们所遭受的戕害在很大程度上不是“历史”给予的，戏剧性的偶然成分起了决定性的作用——假设把国民党师长叶江川改成一个占山为王的草寇，把日本鬼子换成一窝打家劫舍无恶不作的海盗，把共产党的部队置换成揭竿而起的农民军，故事的内核和走向不会发生多么大的改变，陆平还是那个毫无主见、身不由己的苦命儿，宋嘉仪还是那个痴痴恋恋地久天长的怨妇。在一个有着明确历史限定的叙事环境中，“故事”盖过了“历史”，它导致的后果之一是：由于“历史”本质意义上的缺席，从而湮没掉了“历史叙事”所可能提供的对历史本身的批判和反思。

接下来，我更想谈谈影片“操作”层面的问题。我以为，这部电影有两个基本的叙事起点，如果在这两点上着力不够，整个故事都会陷入萎靡乏力的状态。其一，必须把陆平作为一名理发师对于理发的入骨挚爱描绘到极致，舍此就无法证明陆平为何在此后漫长岁月里历经种种磨难，却依然摆脱不了至深的“理发情结”。其实，仅从“奇观化”的角度出发，编导都应该把陆平理发手艺的“出神入化”加以影像渲染——这甚至应该成为全片的“戏眼”。这一点，《活着》显然是一个参照的范例：皮影戏不仅是贯穿情节和主人公命运的重要线索，还担负了张艺谋诉诸视听奇观以建构中国民俗符号体系的功能；葛优女吊一般嘶哑的唱腔，给影片笼罩了一层苍凉悲苦的氛围，也成其为全片最耐人回味的细节之一。令人十分困惑的是，《理发师》的主创者完全在这个问题上陷入了意识上的迟钝，忽略了“理发”之于“理发师”的意义（这需要精彩的细节而不是空洞的几句台词来展现），也忽略了陆平酷爱理发之于陆平人生轨迹的意义。这样一来，故事越往后发展越经不起推敲，我们禁不住会问：理发师为什么到天涯海角都要带着他的music box？理发师为什么要坚持成为一名理发师，而不是国民党少将？我相信，这样的困惑和疑虑是直指编导者内心虚弱之处的，因为，他们在一部名叫《理发师》的电影里，居然忘记了向人们提供一个理发师之所以爱上理发的理由——就像在讲述一则“山无棱，天地合，乃敢与君绝”的故事时，偏偏没有告诉听众男女主人公之间究竟有没有爱情。

上文的止步之处，恰恰是我所谓的第二个问题，即陆平和宋嘉仪的爱情到底有多少合理的成分？他们的爱情、等待和执著，源头到底在哪里？上海来的理发师陆平不需要爱情，这就是《理发师》提供给我们的信号。苛刻地说，影片中的陆平基本上是一个丧失感情能力的人，他在情感上始终是木讷、回避、被动的；他更像一个禁欲的清教徒（无论是精神上还是肉体的本能上），对他来说，爱情完全不足以成为生活下去的可靠理由。对宋嘉仪来说，她无可救药地爱上理发师，也是在观众不明就里的情形下完成的。是一见钟情？是叛逆？是迷恋理发师的英俊或技艺？答案完全没有，没有人知道是为什么。她的爱情只有结果，没有过程和事实。在这里，与第一个问题类似的困惑出现了：既然男女主人公之间的感情是苍白而缺少铺垫的，那么，这个“惊天地、泣鬼神”的爱情故事在逻辑上的合理性又还有多少呢？导演也许意识到了这个问题，所以用一组闪回镜头来追述陆平和宋嘉仪的交往片段，旨在唤起观众对二人情感发展脉络的认同。这种努力是徒劳的——那些细节是如此缺乏说服力，以至于观众再一次确证了故事里的爱情是如此的脆弱和空洞。

片尾，荒原上陆平和宋嘉仪悲喜交加地重逢，陈坤的表演很到位，导演分寸的拿捏也不错。可令人扼腕的是，这样煽情的情节不仅让人感动不起来，反而还让人感觉有一些滑稽色彩。症结当然不在观众的感知神经，而仍然在电影本身。问世间情为何物，可以成就如此“伟大”的等待和坚守？是啊，为什么会这样呢？这一对男女，到底是因为什么，爱得这样难舍难分、荡气回肠？

不可否认，《理发师》是信仰理想和爱情的。可惜，它只让我们看到了等待的表象事实，而省略了坚守的理由。而对叙事艺术来说，理由显然比表象更为重要。

文字与影像的暧昧遇合

——评《手机》

忧思与谶言

“一个时代有一个时代的最强音，影视就是目前时代的最强音。”——20世纪90年代初，王朔以中国作家“触电”第一人的身份并用一贯张狂的口吻抛出了“影视至上”的论调；文学界在历经“令人痛心的屈辱感”之后，心理防线如今却不得不承受被瞬间突破的惶恐。不管是出于无奈还是付之哀恸，至今持守“文学理想”的人们近乎“绝望”地发现：如果仅仅从强弱态势的分野来看，王朔居然道破了世纪交接时代关于文学日渐式微的谶言。

不难觉察，视觉文化勃兴这一“千真万确”的事实，在电影、电视的影像化浪潮推动之下如今已得到了前所未有的强化，以至于作为一种文化暴力，影视作品以及与影视伴生而来的文化附属物在很大程度上垄断了我们的艺术感知，并充斥了我们的文化想象空间。我们必须承认，20世纪90年代以来，随着消费文化（consumer culture）的蓬勃兴起和媒介权力的逐渐位移（影视等电子媒介取代印刷传媒成为文学的主导型传播媒介），承袭已久的中国文学的传统意义格局面临着一次深刻的转型，在一定程度上甚至如某些学者所言——身处于“颠覆性的解构危机之中”。文学媒介的变迁和影视文化的强盛，在更大意义上得益于现代科技事业的昌明和现代社会商业大潮的驱动；然而文学媒介的变迁，绝不仅仅意味着传媒技术手段的变革和创新，理应引发我们关注与探讨的是——当这种变迁置身于特定文化语境各种文化因素交互作用的影响之下，曾经长期高踞“艺术家族霸主”宝座且主要依赖印刷媒介加以传播的文学，在权力角色、写作方式、审美态度、价值倾向、艺术形态、文化类型等各方面，是否正孕育或进行着一场不可避免的深刻转型？换而言之，文学与影视——二者有无互通的可能，以及在何种层面上实现互通？

这实在是一个无法言尽的话题。近年来，学界着实也对当今时代文学与影视的“联姻”现象多有关注，但在巨细无遗的学理论述背后，我们依然无法就当下影视艺术（影像）与文学（文字）之间奇妙而又暧昧的遇合情境加以清晰的描述或判别。从宽容的立场来看，文学与影视艺术边界的存在和限定，究竟是出自先验抑或是一种必然？在现代社会，影视的企业属性所带来的巨大市场优势，显然成为了它向同时期的文学施加“话语暴力”的符号资本，如此一来，文学的边缘化难道不是精英文化“退场”的商品化 / 物质化 / 平面化年代无可争议的事实？文学向影视靠拢，难道不是“不甘寂寞”的作家 / 知识分子在新的历史语境下谋求“合法”言说方式、进行自我身份认同的探索？“触电”难道不是文学“拓展生存和传播空间”的文化选择？

从另一个视角来看，发言者显然不会如此温情脉脉了——文学对影视的趋从，有没有可能导致文学（小说）与影视剧本文体界限的“名存实亡”，进而威胁到二者的艺术独立性？文化资本和影像话语凌驾于文字之上，获得了一种潜在的权力；在这样的话语权力背景之下，小说在广度和深度上的“影视化”追求在何种程度上导致了文学写作自身价值的淡漠、文学理想情操的衰朽和文学自身形态的“异化”？甚至有论者认为，缺少文学坚守的作家纷纷投身影视以期改变精神和物质的双重窘境，这近乎于一种“饮鸩止渴”的艺术自戕。回过头来看，影视对文学的一味依赖和寄生，又是否意味着影视书写在审美与文化资源层面的匮乏？或者说，是否预示着影视独特表现力的颓靡和艺术想象的枯萎？

上述种种疑问，涉及文学与影视相关联这一论题的不同逻辑层面，无法一概而论，更不可能一时在普遍范围内达成共识。可以预见，在相当长一段时间内，关于影视、文学二者之间复杂关联的探讨和争议，仍将在学界、传媒以及坊间大众的口耳之间展开。值得一提的是，由于影视与小说均具有的“时尚化”和大众化特质，我们的视野不得不被一个又一个层出不穷的现象所吸引，我们的思索也无法不在那些鲜活然而易逝的时尚图景上偶作停留。零距离的审视、主观情感的羼杂、杂语纷陈中的迷失，也许不应该构成质疑这一研究维度的充分理由；然而让我一直疑惑的是，对“时尚”的解读（或者说批判 / 反思）本身，是否在某种意义上也沦为了追逐“时尚”的同构体？对以“时尚”为对象的“研究者”来说，这也许是一个难以释然的 悖论。

《手机》·时尚·话题

谈论《手机》，时下俨然成为了一种时尚。葛优那一串“……对……啊……行……”的对白成为时下闲人相互吹嘘调侃的必备“经典”（在小说里说这话的是编导胡可青），一些做人“不着调”的男女偏偏也要学了大学教授费墨的一口重庆腔，假惺惺地告诫别人——“做人要厚道”。评论家的斗嘴和名主持的“拍案而起”，让看客们又一次陷入了老套的“审美疲劳”，见怪已不惊。有趣的是，像李敬泽所说的那样，“如果两口子看了这部小说和电影而打架，我觉得很正常”——仿佛这才是《手机》的“恶毒”之处：手机变成集束“手雷”，让见不得光的隐私不定期爆破，是不得不令人感觉到“惘惘的威胁”的。

关于《手机》，可以阐释的话题其实并不太多。然而我更想说的是，刘震云和冯小刚在小说、电影这一对联姻体里，毕竟传达给了我们一些值得思索的空间，这种思索也许失之浮泛，但终归附着了一些逼近现实的力量。平心而论，在文学艺术早已失却“轰动效应”、股票涨跌成为人们悲喜命运“操盘手”的年代里，无论是小说还是影视剧，只要能细微地改变一部分人的生活方式（习惯），只要能稍稍撩动人们已布满尘灰的心弦，就足以成为艺术倔强生长、尚未衰亡的明证——我们似乎没有了太多奢求的空间，因此只能退守“底线”，只能呼唤“宽容”，为的是积蓄有生力量，护卫艺术残存的最后尊严；至于“文人”们风急浪涌般的相互攻讦和齐声聒噪，则无异于为“文坛”这一清浊难分的大染缸自掘坟墓。

作为全球化、信息化时代的一个“关键词”，“手机”这一现代化通讯工具（物质形态）的背后，委实蕴藏着某种不应抹煞的精神含量。时下的文学和电影，往往缺乏抵达生活真相的力度和对于我们的生活“具有威胁性的揭示”，而《手机》恰恰让我们从一个习焉不详的生活侧面洞察到，“现代生活在表面的自由之下，实际上受到的是无所不及的制约”（李敬泽语）。结合冯小刚、刘震云二人电影 / 小说创作的历时性背景来看，无论是前者天马行空的想象（《甲方乙方》《大腕》）落足于现实土壤（《手机》），还是后者从“现实”（《一地鸡毛》《单位》）到“历史”（《温故1942》《故乡天下黄花》）再重回“现实”（《一腔废话》《手机》）的“螺旋式”写作历程，《手机》都很难说对二人此前的艺术水准构成了超越；但从精神向度的开掘和对现实的解剖角度来观照，《手机》的诞生，依然值得并不一味排斥“时尚”的评论家和学界中人加以关注。

从电影到小说

由于本文论题的制约，我更大的兴趣点自然在于《手机》电影与小说的比较阅读。在我看来，《手机》的价值所在，不仅仅是因为作家/导演为书写现实开启了较新的视角和维度，更在于它为影视与文学二者的联动方式提供了一种新颖而又不失启发意义的参照。

一个重要的事实是，《手机》小说的写作是在《手机》电影开拍之后。面对铺天盖地的"《手机》电影不如小说""《手机》电影糟蹋了小说"的声音，冯小刚坦言："这是我欲速则不达导致的……我去年一年没有拍电影，我怕我的观众都跑别处去了。所以，我让刘老师先写剧本，这就导致了目前电影不如小说的结果。"——从这一事实中，我们可以看到，《手机》小说与电影显然区别于以往影视改编小说的惯有模式，在这里，小说充当的不是影视作品的"底本"，而是反其道行之，电影成为了小说创作的铺垫。另一个事实是，在思想内蕴的探掘、情感的拿捏和生活细节的展示方面，应该说《手机》小说都比《手机》电影更为高明；排除商业因素，即使没有电影作前期铺垫，《手机》作为纯粹的小说文本来读也不失为一部视角独到、书写精致、思想性与可读性兼具的作品——我们在这里又可以得到一个信息：哪怕是面对完全相同的题材，小说也有可能克服仅仅付诸抽象文字符号的表达局限，达到甚至超越"按照世界本身的形象来重新创造世界的观念的愿望"（卡维尔语）的电影所成就的高度；也就是说，即使是在"画面的时代"（冈斯语）席卷而来的文化语境下，书写者在文字的表征领域之内，同样有可能抵达电影（以营造视觉"奇观"、制造官能上的"惊颤"为己任）在声像迷宫中所难以企及的境地。这种表述也许过于牵强，况且，刘震云的小说写于电影之后，也许仅仅是一种巧合。据报载，此前刘震云曾建议冯小刚等他写完小说之后再写剧本。电影不如小说，是冯小刚没有"足够的耐心""欲速则不达"导致的结果。但基于既有的文化事实，通过文本比较阅读得到的印象，并不妨碍我们进行上述不成熟的思索和推断。

刘震云的小说分为三个章节，冯小刚电影的主体部分仅仅是小说第二章《于文娟　沈雪　伍月》的翻版，小说第一章《吕桂花——另一个人说》在电影的片头中偶露峥嵘，而小说第三章《严朱氏》在电影里则完全没有涉及。尤其尴尬的是，尽管前后两章在小说中所占比重不过五分之一，但为小说的成功着实出力不小：第一章关于严守一的少年故事（对牛三斤媳妇儿吕桂花懵懂的爱慕），第三章严守一的家世渊源（严家老太爷让人捎话给在外地劁牲口的儿子严白孩回家娶媳妇儿，结果因为口误，严白孩阴错阳差地娶了朱家庄的寡妇，才有了严守一他爹和严守一）——活色生香的晋南山村气息、干净直捷的“刘氏”语言风格，“憨憨”的人物和“怪怪”的故事背后，透着对乡土民风的渴念，还包藏着对待生命的豁达，读来令人忍俊不禁，兴味倍增。小说第二章是主持人严守一和三个女人围绕手机展开的故事，情节和电影大体雷同；刘震云的小市民生活智慧和冷幽默风格，在当中得到了纤毫毕露的渲染。应该说，《手机》电影的最大可取之处，正在于悬念丛生、环环相扣的情节设置，带有浓厚戏谑风格的台词，还有与我们日常生活经验息息相通的微妙心理感应。这一切，几乎都应当归功于编剧刘震云。然而问题在于，这些现成的元素放在小说里，为什么就没有了同样引人入胜的效果？这就回到了上面所谈论的话题：小说叙事与电影叙事，其文体上的界限在哪里？面对表意符号体系单一的局限，小说在何种意义上得以与作为“所有艺术门类的真正集大成者”的影视艺术相抗衡？对诸如此类的问题提供解答，自然不是这篇短文所能承载的使命。下面是关于《手机》（从电影到小说）这一个案的几点思索，仅仅为探讨这一问题提供某种片段性的启示。

关于作家个性的保持和张扬。以往对影视改编小说、小说向影视看齐的批判，大多是针对影像符号和文化资本逻辑对文学品质的蚕食或侵蚀，以及在这种背景之下作家主体性的泯灭和创作个性的逐步丧失。然而在《手机》创作过程中，刘震云作为编剧和作为小说家的双重身份十分耐人寻味。据冯小刚所说，“小说本身根本对手机没有兴趣”，“刘震云感兴趣的、真正要说的是第三部分……这一部分是小说真正要写的核心”。而第三部分恰恰在电影中连影子都没有，所以冯认为刘震云写剧本是“借鸡下蛋”，“电影和小说完全是两回事”。与此构成呼应的是，刘震云曾宣称，“我跟影视界没什么关系”，“肯定不会给任何导演打工”；他还把电影比作“贺岁大菜”——“色香味俱全，从视觉到味觉一同刺激您”，把小说比作“后厨”——“这道菜加了什么作料，用了什么火候，不进后厨还真不一定能猜全了。”从这些表述来看，刘震云与相当一部分“触电”的作家不同，不像池莉那样坦陈自己的小说与电影“仅仅是金钱关系”，不像刘恒那样尴尬而无奈地把写作剧本视为“对现实的妥协”，更没有像王朔那样放言“把好东西留给小说，把次品兜售给影视”；基于对小说和电影这两种艺术形态的宽容心态和理性认知，他一方面并不排斥为电影而写作，肯定电影艺术的独特价值；另一方面，又注重在小说写作过程中尽量不受影视干扰，以捍卫自己的思想和个性。这样一来，刘震云能在一个精彩的剧本基础之上又完成一部出色的小说，也就不难理解了。

关于戏剧化因素的比重。影视文本对戏剧化效果的需求远比小说迫切。过于密集的情节冲突和过于浓烈的戏剧色彩，反而会对小说具有内化特性的叙事造成损伤。小说《手机》第二章高度戏剧化、情节化的叙事，过分迷恋于精巧故事的编造（陷入了围绕“欺骗”主题无休止的自我重复之中），无形当中忽略了对作为小说唯一表意符号的语言自身魅力的探寻和展示。这种“影像化”或者说“戏剧化”的倾向在当下小说中颇为盛行，一方面可能来源于作家对影视元素的主动吸纳，另一方面则显然出于创作者对小说自身审美形态某种程度上的“曲解”。需要提及的是，小说《手机》第二章之所以出现“过分戏剧化”的问题，很大程度上是它直接由电影剧本脱胎而来的缘故，其中的影像化痕迹远比第一、三章明显。

关于电影艺术的表达局限。冯小刚多次在公开场合表示，如果等刘震云写完小说再来拍《手机》，电影会更出彩。在我看来，这仅仅是一番客套的谦词，或者说不无天真的奢望。在大多情况下对电影而言，叙事的思想深度和时间跨度很难兼而得之，因为单个电影作品在限定的时间内所能承载的内容毕竟是有限的，追求历时性“宏大叙事”的电影作品往往注定流于平面化，要以牺牲敏锐的生活感觉和犀利的批判锋芒为代价；而且，在以强烈的整体性官能体验为诉求的电影之中，风格的调和也成其为一个难题。然而，对允许叙事无限延展的小说写作来说，这完全不成其为问题。以小说《手机》为例，乡野/过去（第一、三章）和城市/现在（第二章）的对峙，构筑了关于都市与农村、传统与现代、闭塞与开放、农耕文明与工业文明等一系列范畴的并置格局，有效拓展了文本的意义生成空间，也完成了对文本思想深度和现实批判力度的掘进。然而，以一部电影的容量，要横跨如此之长的时间、接纳如此之多的内容、杂糅差异如此之大的风格，几乎是“不可能完成的任务”。电影《手机》已是一部结构自足的作品，其主题、内容和精神蕴含都已经较为完整，虽然不能说完全没有内容扩充的可能，但若想将它变成小说《手机》的电影版，则无异于画蛇添足。从这个层面来看，电影在内容承载和叙事风格上的表达局限，恰恰反证了小说的独特优长所在。电影在营造身临其境的经验幻觉和同经济资本的天然同盟等方面固然具有巨大的优势，但据此得出“文学的黄昏已然来临”这一悲怆的结论尚为时过早。从电影自身艺术形态的天生局限之处起步，也许是文学/小说突破影像重围的一条“生路”？

想象一种

显然，向文学“借力”在影视艺术范畴内已经成为一股高度自觉化的潮流，影视文化日益兴盛的景观背后，文学可谓“居功至伟”。而文学“借影视而复苏、促进艺术潮转向、实现自我重构”（王一川语），同样也代表着当前文学界相当一部分作家、批评家具有自省精神的关于促进影视/文学二者和谐互动的呼声。前两种情况相较而言，小说的“复苏”和“自我重构”的道路显然更加艰难和漫长。

在事物发展尚未廓明方向之时，种种“善意”的尝试都应该是值得赞许的。既然谈到了小说的未来发展和自我更新，我在本文结束以前愿意再提供一个“荒唐”的想象。正如刘震云之于《手机》，以影视为“底本”，进一步展开“自由”意义上的二度文学创作（当然要与所谓“影视同期书”——影视和文学杂交的“怪胎”——划清界限），既适当借助影视之力，也不妨碍对文学独特审美价值的追求，这是否能成为正在或将要从事影视创作的作家进行小说创作的一个方向？……这或许只是一厢情愿的奢望。

概言之，自20世纪末以来，中国影视与小说的“并轨”方式更趋复杂、纷繁和多元。影视艺术与文学艺术良性互动、理想型生态格局的构建远未完结；也许，小说与影视正是在这种“暧昧”不明的遇合情境下相互交织、相互作用、相互影响，才为实现各自的“肌体”更新和意义重构提供了难以穷尽的可能。

迷津中的镜像

病症与自赎
——中国式大片诊断书之一

大片的魅惑与歧途

如果把2002年“上市”与“救市”的《英雄》谓为本土“大片时代”肇始的象征，从《英雄》《十面埋伏》《无极》《夜宴》一直到2006岁末的《满城尽带黄金甲》，区区五年间，中国电影完成了作为一种准类型形态的“大片”的谱系建构，也以空前亢奋的方式书写着极尽华美绚烂的消费主义影像美学。将如上“巨制”进行关联性的思考，不难得出这样的印象：慨当以慷的史诗情结，去现实化的叙事策略，宫廷权谋、欲望角力的“母题”，在伺奉声色光影、构筑视听奇观上的精细雕琢，以及享有跨国界声誉和深孚票房号召力的各工种演职人员班底……凡此种种，织接而成银幕上幻彩斑斓的眩目图景。

有意味的是，“第五代”及“后第五代”们苦心孤诣造就的这一系列所谓大片，诞生于民族化符号、全球化诉求与产业化目标深层交织的共同语境，也陷入了大体一致的多重尴尬境地。首先，从电影作为一种产业形态的角度来看，一方面，上述被严格纳入商业运营体制的影片，承担起了将中国观众唤回影院、拯救一度濒亡的本土电影产销市场的使命——此间功绩自然不容置疑；另一方面，它们在通过银幕形象源源不断地输出强权哲学和暴力想象的同时，也以霸权主义逻辑和急功近利的途径垄断着中国电影的资本市场和文化资源，挤占了样态丰富、价值趋向多元的中小成本影片的存活空间。其次，就电影作为艺术和一种独特审美文化样式而言，这些借助“东方”名义频频现身世界各地影展和影片促销会的“大片”，不同程度展露出对东方主义“写意”诗学的青睐——耽迷“羚羊挂角，无迹可求”的“气韵”与“风骨”，消解历史之负，彰显人类孩提时代纯真烂漫的气息（尤以《十面埋伏》为甚）——也因而步入了极致而纯粹的形式主义美学之境。且不论这种东方主义诗美风格是否属张艺谋们刻意为之，也不论传说中西方人对《英雄》《十面埋伏》的钟爱是源自探询东方文化的热望还是纯兴趣层面的视听猎奇，一个确凿的事实是：这些东方大片在超凡拔俗、遁入唯美幻境的同时，也无限度疏离了东方本土观众的期待视野和文化趣味，其中大多数都遭遇了“一边倒”的如潮恶评；例如2005、2006年之交以互联网为主要阵地展开的对《无极》声势浩大的“征伐”（鲜有持异议者，完全不构成“争论”），俨然成为了新世纪中国具有标志性的民间文化事件之一。

“中国式”大片的境遇，呈现了华语电影在融入全球化、一体化电影市场时必然经历的困境。对于广大观众而言，空前高涨的言说欲望不仅出自对某部影片的情感好恶，更表达着对某种价值取向和某种文化类型的态度。对于张艺谋、陈凯歌等亲手缔造过中国电影一个辉煌时代的主创者来说，这一尴尬情形的出现，固然和驾驭“商业巨制”的功力和经验有关，也证明了缝合商业话语和艺术个性之艰难。事实上，近年来民间对大片众口铄金的苛责，在话语结构内部并未获得思想质地上的深入。立意瘠薄、内涵空洞、情节粗糙、风格华而不实乃至对白的“荒诞”，是这些大片被激烈指摘和无情讥讽的主要理由。上述症候集中在“技”的层面，尽管举足轻重，却远非我们对大片反思的终点。对于现阶段的“中国式”大片，有关“道”的探讨似乎更加紧要：它有助于我们从更宏阔的视角对这一类型影片进行文化甄别与价值判断，从而更明晰地识读中国电影在展开全球化想象之时所面临的根本性困惑及其可能的出路。

本文围绕“大片”展开论述的逻辑起点，是张之亮导演的《墨攻》。作为一部不失另类的港产电影，《墨攻》的意义，在于为浮嚣日甚的“大片”风潮提供了一个转捩的契机。虽然同为耗资庞大的商业巨构，虽然也在情节设置、细节处理、人物塑形等方面存在着“技”的若干缺憾，但这部港产影片所传达的精神禀赋、文化内质以及对待本民族历史的态度，均构成了对此前内地系列历史大片的潜在反拨。笔者以为，浑然淳朴、诚意十足的《墨攻》，以另辟蹊径的方式终结了华语大片凌空蹈虚、贪恋浮华的时代；它在整合本民族历史文化传统与文化产业语境上所进行的尝试，方是“中国式”大片贯通“史”与“思”、融汇“诗”与“市”的生存之道。

喧哗中的转捩

《英雄》以降，“大片”一次比一次骇人的投资数额、一场又一场奇招迭出的宣传推广攻略，也往往伴随着最急切的疑虑、最沉重的叹息，连接着声势空前浩大的批判。然而，就像一场蓄意的“合谋”，我们周而复始地见证着“眼球经济学”在文化产业场域的运演：唇间笔头的滔滔浊浪刺激着愈加旺盛的消费欲望，千疮百孔的口碑摇身变为迅速增殖的消费文化符码，以混乱畸形的逻辑参与着资本神话的建构。

文化的符号生产及其利润逻辑，不能取代或者取缔文化价值层面的评判。新世纪接踵而至的“大片”，在勤奋不倦地为中国观众制造视听饕餮盛宴的同时，也培植起了观众对“大片”自身的本能警觉。从影院中的“笑场”、影评人义正辞严的质疑，到网络论坛里“血馒头”式的戏谑狂欢，观众在不自觉的情形下充当了欲望消费和利润生成的同谋者，也以空前的自觉行使着作为一名思考主体所享有的话语权力。有论者将“大片”所引发的话语泛滥冠以“文化民主”“草根式民主”等称谓，虽不免夸饰之嫌，却为我们解读这一特有文化现象提供了可资参照的视角。

一派喧哗中，及至张之亮导演的《墨攻》，上述情形发生了令人侧目的转变。一边倒式的叫骂和讥笑迅速退潮，散见媒体的批评观点也不约而同采取了平和温婉的立场。对于又一部令人心生疑窦的古装商业巨制，人们之所以表现出此前罕见的宽容和赞许，一个重要原因在于：同为“大片”的《墨攻》，展示了影片主创者对于观众的接受心理和审美情趣、对于民族历史文化以及对于电影本身的诚意。这是一种脚踏实地的诚意，它体现为细腻而饱满的叙事、生动可感的细节、质朴流畅的镜语，也体现为对中国式文化命题的探求愿望和形象阐释——而这样一种诚意，正是《英雄》《十面埋伏》《无极》极度稀缺的文化品质。我们看到的《墨攻》，不再是古代（伪古代）服饰珍宝和宫廷建筑风格的展览会，不再是色块杂陈、意蕴模糊的印象派油画。裹着一层历史“画皮”的“人”，终于回到了“历史的现场”，终于从缥缈无边的宫廷返归了生气腾腾的大地，终于有了我们能够为之感喟、为之动容的性情，也终于开始演绎尽管疏远现实却不乏人间烟火的故事。

有必要提及的是，识读“大片”唯形式主义的积弊和空洞浮华的劣习，并不需要多么敏锐深邃的文化洞见；换一种说法，张之亮《墨攻》之高明，也许不在于如何杰出、如何富有文化创造和艺术开拓的生力，恰恰是因为它的“厚道”与朴实，在于它对“常态”的回归。何谓“常态”？卑之无甚高论，笔者以为，情怀与心性上，祛除躁竞浮华的“戾气”，褒有涵泳从容、坦夷守正之心；创作品格上，能实现和接受者的对等话语交流，达成与观众 / 读者在情感体验和思想精神层面的某种互通。“常态”不是艺术的囚笼，而是创作者应当恪守的底线；笼统地说，“常态”是一种对真诚、平和、纯净的创作理念的召唤，它与题材类型、创作风格不存在必然关联——妄语“怪力乱神”或摹写后现代主义解构情境的作品，同样可以符合“常态”（如《指环王》《哈里·波特》与《大话西游》《东邪西毒》《2046》）；反之亦然，即使是“讲述老百姓身边的故事”，也有可能构成对“常态”的扭曲和异化（近一点的有《梦想照进现实》《第601个电话》）。在这个意义上，比照皈依“常态”的《墨攻》与无限背离“常态”的《无极》和《十面埋伏》，高下、良莠与真伪，观众自不难得出中肯之见。

何谓“大片”？

“大片”以何为“大”？对沉溺于“大片”之魅无法自拔的中国电影来说，这近似一个瓶颈性的谜题。迄今为止，“古装加武侠”可以说是中国商业大片的唯一模式。从规避高投入的市场风险来看，这一点无可厚非。张艺谋接受《东方时空》采访时，曾有过这样的表述：“问题（为什么中国商业大片只有这样一种模式？——作者注）其实回答非常简单，就是海外市场。因为今天的中国商业大片光靠国内市场断然是要赔钱的，而且赔死你。因为海外这些市场、这些片商他只认这个类型，其他他不认，他不敢买，或者他不敢高价买。”[1]话虽直白，却是绕不开的“硬道理”。换一个角度，即使避开产业语境不提，作为一种特定类型的历史/武侠片也有其异常广阔的艺术表现与文化阐释的空间。中华文明的悠久与神秘，充分迎合了西方世界对于东方的“他者”想象；而中国历史之波澜壮阔、恢弘邃远，更为电影人的银幕书写供给着源源不竭的文化滋养——在这里，产业经营与文化传承可以兼而美之，本是皆大欢喜之事。现实当然不如预想这般乐观，上文就此已

[1] 参照电视访谈节目“张艺谋——语不惊人死不休”，中央电视台“东方时空”栏目11月30日播出，引自央视国际网站。

有详细论述。这样一来，既然问题不是出在历史 / 武侠这一类型本身，《墨攻》之前的中国“大片”，其病因又究竟在哪里？

其一，曲解“大片”之“大”。严格地说，“大片”在更大意义上是一种产业语境下的说法，同大投入、大收益、大明星、大场面等有与生俱来的干系，其目的自然是将电影产品的终端消费市场“做大做强”。问题在于，“大片”制作者常常不自觉地将一味求大的产业思维嫁接到创作观念中来——主题建构上，动辄追求“天下和平”，动辄阐释“太极”“无极”哲学；在影像艺术的本体层面，更是将声、色、光、影及一切可以调用的形式元素渲染到极致——由表及里，从内容到形式，可谓无所不大、无所不用其极。这一类名副其实的“大片”，气魄之雄健和匠心之机巧固然令人称奇，可盲目求全、求大、求奇所导致的人性稀薄、情节苍白、内蕴空乏的症结更其触目惊心。归结于“大”的蛊惑，“大片”决绝地摈弃关乎人性、人情的入微体察，僭越人世、人生的常理与常态，以美学的暴力耽迷于表象化的影像书写，创造了一种“悬空”式文本形态：要么削平意义景深，要么将玄奥的哲理无限抽象，让人感觉不到生命的疼痛、人性的昭示和灵魂的呼吸，有的只是大而泛之的符号堆砌。

凌空蹈虚、以“大”为美的创作理念，甚至表现在影片人物的命名上。“昆仑”“光明”“倾城”“无名”“残剑”“飞雪”一类矫情而空洞的语词，牵强地附会着某种自以为是的象征意味；它们和它们在文本中所附着的人物一样，具有意义指向上的不及物性，几乎要丧失与一切确定性事物的关联，从而沦为拉康所说的“漂浮的能指”。倘若更苛刻一些，“大片”不同程度地显现出来的对“大”的僵化理解，是一种浮躁虚华的幼稚病。对于这一类文化症候，鲁迅先生早有鞭辟入里的阐述——“唐朝人早就知道，穷措大想做富贵诗，多用些‘金’‘玉’‘锦’‘绮’字面，自以为豪华，而不知适见其寒蠢。真会写富贵景象的，有道：‘笙歌归院落，灯火下楼台’，全不用那些字。‘打，打’‘杀，杀’，听去诚然是英勇的，但不过是一面鼓。”[1]

其二，虚妄的伪历史书写。对“历史”的热衷，是多种价值观念和文化类型共谋的结果。历史题材有效回避了对现实矛盾和权力冲突的直接表述，暗合了意识形态的规定性；与此同时，“历史”本身的假定性为艺术虚构提供了充分的自由度，能最大限度刺激观众的好奇心和观赏欲望。中国影视的历史叙事热潮，正是催生于这样的社会文化语境。耐人寻味的是，纵观从《英雄》到《满城尽带黄金甲》等“古装华语大片”，它们都不约而同表达了“历史”意义上的“去中国化”趋向，即仅仅是假托“历史”之名，其书写和承载的“历史”都不同程度疏远甚至扭曲了中国历史 / 文化的本质面貌。

《英雄》试图在臆想中塑造合乎历史目的论的“英雄”主体，从而以个人体验和理想化的方式完成对历史的重新建构。据该片主创人员介绍，《英雄》在“解释中国历史”的同时，甚至呼应了美国“911”事件之后21世纪的世界政治格局。影片彰显的宏大叙事理念和明晰的话语所指，包裹着强权膜拜、漠视人道、犬儒主义一类的反现代性思想内核；在对经典化的中国历史文化进行恣意篡改的同时，又传达不出任何戏拟和解构的深层文化意味——唯一成就的，只是张艺谋一次天马行空的伪历史想象。《十面埋伏》更是斩断了历史的指向性，根本拒绝以历史为依托进行反思性叙事的可能。这个仅余肉欲气息的“故事”，可以被凭空嫁接到所谓的“唐大中十三年”，也可以发生在许文强、冯程程、丁力时代的上海滩，抑或公元21世纪的北京回龙观。一部古装电影，让我们看到了历史真正的缺席。历史终结之处，仅仅是眩目的光影，是纯粹到极致的男女欢爱——“这就是后现代时代的美学消费主义，人们消费感性，消费视觉和听觉，消费纯粹的爱情，而历史已经死

---

[1] 鲁迅．而已集·革命文学［M］//鲁迅全集第三卷．北京：人民文学出版社，2005: 568.

亡，它不在场。”[1]陈凯歌的三年心血之作《无极》，旨在探询“虚幻历史中的真实时间，梦影世界中的永恒命题”，追求的是《哈里·波特》《指环王》式的奇幻风格。结合影片实际来看，《无极》的“奇幻”陷入了在艰深玄奥的文化命题和泛娱乐化的叙事策略之间顾此失彼的难堪之境，最终沦为抽象文化符号（从内涵思想到外部影像）的蒙太奇展示，从根本上取缔了历史与现实的所指。《无极》讲述的故事，更符合超现实的虚拟网络游戏：它在“超越”历史和现实的同时，也模糊或者说抹煞了文化的民族标识。较之上述三部影片，《夜宴》与《满城尽带黄金甲》对“历史”的书写应该说更为充分，可随之而来的问题是：前者直接摹写的是《哈姆雷特》，它所包蕴的历史感和人文精神不是“中国式”的，而是属于莎士比亚和欧洲文艺复兴时代；后者改编自20世纪30年代的话剧名篇《雷雨》，尽管生搬硬套了一个五代十国的历史背景，探讨的命题却依然是“去中国化”“去历史化”的。影片在艺术风格和精神内核上承袭了原著的欧化色彩和现代意味，揭示的是人类恒久的生存困境，并且从中可以窥见基督教的原罪思想与报应观。

在后殖民的话语体系里，中国“大片”不约而同地对“历史”所采取的非语境化书写模式，提供的正是中国本土文化在跨国资本时代谋取全球认同的生动症候——由于本土遭到全球的同化，不同的地方性则成为全球资本在世界范围内侵蚀不同文化形态的牺牲品。笔者以为，20世纪八九十年代热衷于塑造民俗奇观、讲述民族寓言的一大批“新民俗电影”——以《大红灯笼高高挂》《菊豆》《炮打双灯》《二嫫》等为代表——是通过凸显甚至放大全球语境下本土文化的差异性来迎合西方对第三世界历史文化的窥探欲望；而本世纪初先后问世的一批商业大片，尽管仍然身披本土文化的外衣，却是通过尽量消弭民族历史文化标记的方式屈从于西方世界的主流文化趣味，从而迫不及待地投身于一体化的全球文化消费市场。“大片”的这样一种选择，多少是与思想界、理论界的发展动向相脱离的。事实上，随着全球化研

[1] 陈晓明．张艺谋的还童术［J］．读书，2004（10）．

究的日渐深入，更多的人们意识到全球化不是放之四海皆准的普遍真理，它并不是只有一种形象、一副面孔，而是应当以多元的形态出现在不同的本土文化语境之中。具体到中国电影的历史想象上，全球化、产业化的诉求与本土、民族的文化建构并没有必然矛盾；为求得更广泛的市场认同而放弃本土文化立场的做法，不仅面临文化意义上失根的危险，还极有可能丧失直接决定利润生成的“核心竞争力”。从长远来看，阐发中国历史、依托中国文化、弘扬中国气象才是“中国式”大片的不二之选。从另一个视角来看，作为一种渗透力和影响力深巨的强势文化媒介，电影（尤其是藉历史文化之名的电影）与生俱来地被赋予了传承和阐发本民族历史文化的责任。特别是当长期不对等的意识形态对话和经济对话导致新的文化等级制度产生时，电影人不仅不应沦为文化意义上的民族虚无主义者，反而应该用积极的方式履行捍卫“本土”、抵制“全球”的文化使命。正如美国史学家、汉学家阿里夫·德里克论及第三世界国家的民族文化身份认同时所说：

> 在塑造历史时，身份的历史性不会破坏其完整性，过去的已建构性也不会削弱其重要性。每一代人可能都会重写历史，但条件都是这代人接受了作为历史财富的前一代人对历史的建构。特别对于受压迫、被排斥到社会边缘、其历史被强权抹杀掉的人而言，在他们努力使自己在历史上有一席之地时，重温过去或重修历史便显得尤为重要，因为只有拥有了历史身份，跻身于历史舞台的斗争才会有用。[1]

《墨攻》里的中国文化

作为一部古装华语电影，《墨攻》最为可贵之处，在于选择了充满诚意

[1] 阿里夫·德里克．跨国资本时代的后殖民批评［M］．北京：北京大学出版社，2004：41.

的方式来书写和阐释中国的历史文化。历史感并非要从确定性的史实中来，尽管《墨攻》的故事不可考，但这部影片从外在的情节设置到内在的精神气韵都是中国化、民族化的，让人掂量得到厚重的历史质感。一位墨者、一座孤城——小切口有大气象，小叙事见大历史——烙下的是鲜明而又不可替代的中国文化印记。

“世之显学，儒、墨也。”（《韩非子·显学》）先秦墨学，作为与儒学相提并论的思想流派，曾横议天下，盛极一时。墨家以“贵兼”为核心的哲学思想，集中表达了一种理想化的治世之道。墨者革离，在影片中就是作为墨家学说传道者和身体力行者出现的。从反思战争的“非攻”到善待异族奴隶的“兼爱”，从不拘一格任用弓箭手子团的“尚贤”到安睡马厩的“尚俭”……革离与春秋战国时期的墨者在文化理念上高度吻合，而革离本人也成为了墨家前期思想的形象代言。影片有关“墨家军”和墨者守城的情节，同样有其确凿的历史渊源。从《墨子》一书和当时的许多著作中可以得知，墨家的确有一个准军事化的严密社团，其首领被称为“钜子”，对社团其他成员操有生杀予夺的权力，墨子本人即该团体的第一位“钜子”。《墨子》多次论及防御战争的武器和战术，《淮南子》更是对“墨子服役者”有过“赴汤蹈刃，死不旋踵”的描述，可见墨家的确具有某种武士组织的性质。需要特别强调的是，墨子及其追随者虽然大多来自游侠，但与其他以“雇佣兵”身份出现、为不同“雇主”卖命的游侠不同，他们反对任何形式的侵略战争，主要是为防御性战争效力。《墨子·公输》里就记载了一个墨子为了让宋国免受楚国入侵而组织防御的故事。由上可见，革离“已诺必诚，不爱其躯，赴士之困厄”的游侠精神，热衷守城的抱负和善于守城的技艺，与其墨者的身份与情怀也一脉相承。影片里有一个颇富意味的细节，梁国太子适问革离：如果赵国被攻打，是否愿意同样去守城？革离的回答是肯定的。在很多人眼里，这是一个混淆了价值立场、令人困惑的回答。然而对恪守墨学的革离来说，这只不过是其处世、治世理念的自然表达。在这里，墨者“兼爱”“尚同”思想的理想化情结及其有悖世情人情之处，从正反两个侧面诠释了墨家学说真实而发人深省的历史境遇。

墨者革离，自始至终身处理想与现实的剧烈矛盾之中。他主张“兼爱”却不敢爱，连自己爱的人都无法拯救；他提倡“非攻”却无法避免杀伐，最终还反过来攻陷了被赵军占领的梁城；他来到梁城，是怀着拯救黎民百姓于水火的善意，可事实上是他亲手将梁城的军士百姓卷入了一场血腥的杀戮之中……我们于是不得不寻思：在“爱人”“利人”的意义上，革离的到来对梁城来说究竟是福是祸？革离的悲剧在于，用异己化的手段来实践自己信奉的思想。他守城的目的是非攻与和平，可守城的方式和结局却都是攻伐和战乱。片名“墨攻”也彰显着类似的逻辑悖论。“墨攻”——“墨者攻略”或“非攻之攻”——对立的语义包含了浓郁的思辨意味：以“非攻”为宗旨的“攻”，本质上还属不属于“非攻”的范畴？如果必须通过“攻”来实现“非攻”，那么墨学的逻辑起点到底是“攻”还是“非攻”？说到底，《墨攻》中先秦墨者的困境，归结于太过理想化的墨家学说。“兼爱非攻”纯粹是一种主观愿景，源自对社会现实的理想主义批判，也严重脱离了当时的历史语境和社会现实。在弱肉强食的战乱年代，混淆正义与非正义的界限、推行“天下兼相爱”的偏执理想，虽然迎合了一己的浪漫主义憧憬，却与人情、世情和深刻的历史教训多有龃龉。对此，《墨子·兼爱中》里的“今天下之士君子”有过中肯的评价：“兼则善矣，虽然，不可行之物也。譬若挈太山越河济也。”而荀子批评墨子“私忧过计”，也大抵是这个道理。是现实的尖锐矛盾使然，墨家思想由失望逐渐走向了失落乃至偏激失范。墨子身后，墨家大致分为两派，其中一派趋于思维规律的冷门研究，成为先秦明辩思潮的重镇（即胡适所说的“科学-哲学的墨学”）；后期墨家在建立知识论和逻辑方面的努力，在古代中国的诸多学说中可谓首屈一指。另一派则是以激烈的非体制行为来推行墨子思想（即胡适所说的“宗教的墨学”），承传了墨家任侠精神与尚武传统。具有讽刺意味的是，无论是哪一派，都没有很好地践行“有力者疾以助人，有财者勉以分人，有道者劝以教人”的墨学精义，且与“兼相爱交相利”描绘的理想图景相去甚远。这一历史情形，不禁从另一个角度印证了墨家学说超脱于现实的乌托邦色彩。在《墨攻》的结尾，编导融入了对墨者命运的叹惋：革离领着一群孤儿不无悲怆地远走他方，可放眼硝烟滚滚的茫茫天下，哪里又寻得到和平理想的乐土呢?

承上所述，《墨攻》不仅生动地阐释了先秦墨学，塑造了墨者的丰满历史形象，而且提供了对墨学悲剧性生存处境的深入反思。更可贵的是，历史的厚度、思考的深度缝合到影片的产业语境之中，展现了将本土话语、历史话语同娱乐 / 商业话语三者合一的努力。在我看来，上溯中华文化、激扬民族气象的《墨攻》，堪称严格意义上的首部“中国式”大片。尽管它在叙事上仍存有若干纰漏，远远谈不上完美，但它给喧哗与困顿中的华语电影带来了意义深远的启示。以《墨攻》为起点，中国商业大片制作有望终结躁动、迷惘、浮华的“青春期”，走向质朴、稳健与成熟，迎来历史性的转机。

文末，笔者不得不提及一个令国人备觉尴尬的事实：电影《墨攻》，取材于日本漫画家森秀树的作品《墨子攻略》，而漫画又改编自日本历史小说大家酒见贤一的同名之作。中国银幕呈现的、中国人拍摄的第一部诚意书写中国历史的华语电影巨制，居然源自异域作家的艺术创造。这仅仅是一种巧合么？它昭示的是悠久中华文明的无远弗届，还是当代中国文化界本土历史想象的稀缺?

重构与迷失

——中国式大片诊断书之二

以“集结”之名

《集结号》与《投名状》公映以来，将二者进行名目繁多的比对，一度为媒介和评论人所热衷。不同的观察角度和思考方式，得出不同的见地，读来也有不同的兴味。例如，考据派人士对《投名状》中李连杰们在苏州城外挖战壕的做法颇不忿，很有历史眼光地指出，“在还没有杀伤火器的年代，清军在城外狂挖战壕，把苏州城外挖得就像斯大林格勒，这实在显得很搞笑”，而后，作者信笔一挥厉声诘问——“（《投名状》的）美术难道是从《集结号》剧组直接请过来的吗？”又如，勤奋的索隐派大家，细致入微地对“冯小刚”/“陈可辛”、“集结号”/“投名状”进行音韵学考证，得出了两部影片从导演姓名到片名在汉语拼音声调上都完全雷同的结论。笔者之所以也来趟这道“浑水”，与切身体验有关。冬日一个阳光明媚的午后，我只身钻进西单时代影城，奢侈地耗费四个半小时，一口气看完了这两部影片。曲终离场已是夜色茫茫，可耳边还环绕着不绝的炮声和嘶喊，长安街川流不息的车灯觉着就像汶河战场上狙击枪喷射的火舌，故宫外的长长红墙也如同久攻不陷的苏州城。试图回味影片里的情节，居然几次都生生混淆了记忆：恍惚间，生猛的九连解放军突击1863年的苏州城，身着铠甲的辫子军团汇入了淮海战役前线；视线所及，是一成不变灰青的天、脏兮兮蜡黄的脸，杀机四伏、狼烟遍地、点兵沙场、吹角连营……我对两部影片的理解，就建立在这种感官体验的基础之上。想必，大多观众会有和我类似的印象：从外部的视觉形象来看，这是相似度极高的一对“孪生”之作。问题当然不会这么简单。如果做进一步的比较——从视觉呈现到风格表征、从影像质感到精神气韵、从命意母题到情节主线——我们都不难发现，两片由里及外都存在着某种深刻的默契。我甚至愿意这样理解：《集结号》不啻当代版的《投名状》，《投名状》同样可视作《集结号》的姊妹篇。在这样的情形下，将二者进行“捆绑式”的读解便成为必然。

关于“集结”，《现代汉语词典》给出的标准化解释是：“聚集，特指军队等集合到一处。”在习见的话语系统里，“集结”作为一种军事行动方式，通常会笼罩在某种圣洁的名义之下，并被赋予特殊的理想主义光芒。2007年岁末，这个军事术语与“周老虎”“房价拐点”“许三多”“奋斗”等一道，因为陡然加诸其身的符号意义，成为了一时间最具媒介影响力（社会/市场）的语词之一。我以为，《集结号》与《投名状》同一时间以“集结”的方式问“市”，并不全是偶然，而是一次值得深长思之的文化事件。对一度泥足深陷难以为继的中国式“大片”来说，这两部华语电影巨构“集结”的号令——仿佛一次离散后的聚首，或者一次远征前的拥抱——构成了关涉中国商业电影发展若干根本性问题的寓言。缘何而“集结”？以何种名义“集结”？“集结”后将奔赴何处？围绕这一连串命题展开的探讨，将有助于我们更深入地探究商业大片在中国的本土境遇和未来路向。

《墨攻》上映之初，我在一篇论及中国式大片的文章里谈到：这部另类的古装商业大片，“不再是古代（伪古代）服饰珍宝和宫廷建筑风格的展览会，不再是色块杂陈、意蕴模糊的印象派油画。裹着一层历史‘画皮’的‘人’，终于回到了‘历史的现场’，终于从缥缈无边的宫廷返归了生气腾腾的大地，终于有了我们能够为之感喟、为之动容的性情，也终于开始演绎尽管疏远现实却不乏人间烟火的故事”（参见拙文《病症与自赎：中国式大片诊断书之一》）。在这个意义上，我以为：《墨攻》为喧嚣日甚的“大片”风潮提供了一个转向的契机，以诚意十足、浑然淳朴的方式终结了华语大片凌空蹈虚、贪恋浮华的时代。这样的描述，放在《投名状》与《集结号》这里同样适合。如果说，《墨攻》透出的是华语大片在喧哗中转捩的先声，那么一年后问世的一古一今两部“巨制”，则进一步强化了由《墨攻》发轫的商业大片中国化、历史化、语境化趋向；它们迫不及待地集结，进而以集结的形式宣告：对去中国化、去历史化、非语境化的美学形态的颠覆，对唯形式至上的美学暴力的疏远，以及对“常态”的人情、人道和人性的推重——不再是个体的自我表达和即兴书写，而是成为了内地、香港两地电影人殊途同归的艺术追求。

可以确定地说，在中国电影从陈腐的机制（生产机制 / 思维机制）中破茧而出、向成熟的产业 / 市场格局转型的进化链条中，“集结”的《集结号》们所代表的，是一股革故鼎新的先进力量。

男人戏里的女人们

打一个也许不太恰当的比喻，以《英雄》《十面埋伏》《无极》《满城尽带黄金甲》为首的“前大片”对比《集结号》《投名状》《墨攻》组成的“新大片”系列，我们从中可以看到类同于魏晋南北朝诗风的分野。前者膜拜的是绮靡华艳的六朝诗风，对华美形式和艳靡风格的追求可谓登峰造极；套用李白的诗句，一言以蔽——自从《英雄》始，“绮丽不足珍”。后者在某种程度上，承接了遒劲雄浑、“梗概而多气”的“建安风骨”。“幽燕老将”冯陈张执导的三部新作，外枯中膏，看似清癯，实则感兴丰腴，卸去空洞的装饰，少了表象的浮华，添了几分坦荡、从容和质朴。有意味的是，也许是出于对“前大片”脂粉气过重的反拨心态，新近几部大片都是不折不扣的“男人戏”，不约而同将绮丽、阴柔的元素（从视觉符号到精神格调）进行了稀释处理。最直接的体现，就是女性角色在影片中的功能性缺失。

三部影片，各自安插了唯一一位能给观众留下印象的女性：《投名状》里的风流压寨夫人莲生、《墨攻》里柔情侠骨的骑兵首领逸悦，还有《集结号》里苦大仇深的年轻寡妇孙桂琴。在影片里，她们不是核心事件的主导者（有的连参与者都谈不上），她们身上几乎没有担负有效的叙事功能。换句话说，作为单纯的异质性别符号，她们享用的仅仅是一种名义上的“在场”：不仅可以被任意替代，而且可有可无。《集结号》和《墨攻》里的女性，充其量是依附在男性形象上的符号化标签，她们也许强化了男主人公性格上的某些侧面，唯独彻彻底底失掉了自身。值得一提的是《投名状》里的莲生。按照剧情的设计，此妇人应是兄弟阋墙的重要诱因之一。这里需要稍作说明的是，我始终认为，莲生对老大、老二的各自态度暧昧得很，叵测难解，似乎并没有理清头绪；她委身于庞青云，到底算是多情？移情？偷情？还是发情？好像都是，好像又都不是。如果这一点解释不通，那么故事里这条乱伦的线索就很难经得起推敲。或许在编导眼里，这个女人要承担的只是“乱我兄弟”（然后被三弟杀之）的任务；在这里，“乱”的结果是第一性的，为了这个结果，“为何乱”“如何乱”的过程居然被忽略掉了。退一步讲，就算莲生之“乱”合情合理，结合叙事的整体情境来看，我们得出的结论却是：爱欲没有成为恩怨情仇的催化剂；即使没有这出乱伦，三兄弟决裂的悲剧依然会上演，而且依然轰轰烈烈。综观庞青云、赵二虎所作所为，哪一分哪一毫是因为受了儿女情长的牵绊？头脑简单的姜午阳挥刀杀嫂，其目的居然是为了让三兄弟重修于好，这样的逻辑说来有点匪夷所思。我的理解只能是：这一刻，姜午阳成了编导的代言人，摇身变成了陈可辛——对他来说，杀不杀人以及杀谁是次要的，重要的是要兑现投名状中“乱我兄弟者，必杀之”的嗜血诺言。目光幽怨的莲生，那一道浸透纱幔的鲜血，原来不过是男人们节义牌坊前的祭品。仅此而已。

在我看来，莲生、逸悦、孙桂琴一类点缀性、符号化的女性角色出现在影片中，其目的有二：其一，出于利益层面的考虑，是在市场规律下进行商业配置的结果（选择“老徐”、范冰冰出演，显然着眼于商业票房）；其二，在雄性膨胀、刚健骁勇的影像世界里，让人从感官到心理能维系某种微妙却又不可或缺的平衡，这同样是一种迎合大众欣赏趣味的策略。上文已经谈到，这一做法有些矫枉过正，但从另外一个角度看，也有着不可忽视的美学功效。对某种创作风格的极致化推崇，其中往往暗含了对别一种风格样式解构和颠覆的冲动。《集结号》们以前所未有的阳刚面目问世，正是直指“前大片”力弱采缛、空洞浮华症结的一次集结，新世纪中国电影稀缺的阳刚美学在这里锋芒毕露。它们毅然走向“前大片”既有美学范式的对立面，并且在反叛和颠覆的姿态中，试图重新建构在“大片”形式范畴内审视历史和人性的立场。

“视”与“思”的并轨

电影的一项首要任务在于，让一切被肉眼的视觉所看见。透过可视的形象来直观地把握现实和世界，也正是电影作为一种艺术门类最独特的贡献。因此，与文学从思想中获得形象相反，在电影里，人们从可视的形象中获得思想——这里所说的思想，并不是玄妙高深的哲理之思，而是指一种从现实生活感兴出发的个体独特生存体验。如上表述，包含了两层意思：一是视觉表现对电影而言具有先决性意义，“视”是“思”的前提和起点；二是视觉表现应当服从于思想的获取、生活经验的表达，“思”是“视”的旨归。前者突出电影本体，强调“视”的超越性价值；后者兼顾电影的表意功能和中国美学传统——既要“感于目”，更要“会于心”——追求“视”与“思”的并轨。回到中国式大片的话题。“前大片”无节制地推崇仪式化视觉奇观的做法，显然是唯“视”至尊的单轨行为：在“豪华至极的超极限奇观”（王一川语）背后，是与中国人当下生存状态和情感状态相隔绝的玄思空想，是体验之“思”、存在之“思”触目惊心的贫乏，很难唤起人们深层次的思想共鸣。如此一来，观众“眼热心冷”的接受态度也就不足为怪了。值得一提的是，在新近的大片里，这一问题得到了很大程度的改观。“视”的呈现与“思”的传达没有割裂开来，在延续奇观化策略的同时，影片也表达出了融会中国人生活感兴、探究中国式文化命题的诚意。

我们先来看这几部“新大片”的视觉表现。从《集结号》《投名状》到《墨攻》，三部影片视觉上的共性是显而易见的：宏大的战争背景下，排山倒海的军团布阵、血腥惨烈令人窒息的火拼肉搏、充满质感的逼真细节、硬冷的色调……凡此种种，输出一种新鲜视觉经验的同时，也造就了另一种意义上的影像奇观。比如，由于韩国特效制作团队的介入，《集结号》里有堪称国际一流的战争场面；我们从中获得的奇观式感官体验，在此前的中国战争影片里根本难以想象。从这个角度说，同以《十面埋伏》《无极》为代表的“前大片”相比，与其认为《集结号》们改变或削减了奇观化的叙事策略，毋宁说它们尝试的是一种视觉风格的转型——变化的只是风格，而不是奇观本身。这种转型可以大致做如下归纳：色彩运用上，从斑斓、绚烂变为简约、质朴；影像基调上，从华艳、柔婉变为刚健、粗犷；主体意象上，则由金碧辉煌的宫廷大殿、凌罗绸缎、锦食玉衣、重彩浓妆、竹林、亭榭、刺绣、菊花、具有蛊惑力的女体，置换为荒漠、孤城、战壕、枯藤、老树、褴褛的衣衫、沾满灰尘的军装盔甲，以及男人脸上沧桑的纹路和干涸的泪痕。简单地说，中国式大片营造的奇观，其视觉调性由一种热衷繁丰、绚烂的“热”风格转向了一种崇尚素朴、刚健的“冷”风格。由“热”及“冷”，固然是一种主动的创作追求，但其中也含有对一种既有风格范式的颠覆意图。这一点上文已经谈到，此处不再赘述。

就塑造视觉奇观来说，《英雄》以来的大片并无根本分歧。问题的关键是，通过奇观的呈现，影片传达着什么样的内涵，寄寓了创作者怎样的“思”？《投名状》与《集结号》以兄弟情义（“战友”也是“兄弟”的一种别称）为切入点，各自阐发了不同的主题意蕴。首先来看《投名状》。影片附会了一个清兵征剿太平军的历史背景，但此“战场”与侠义小说里的“江湖”并无二致。“江湖”中人尊崇的兄弟义气，大致从《三国演义》里桃园三结义和《水浒传》中“八方共域，异姓一家”演化而来。这里有必要强调的是，侠士之所谓“义气”和“正义”从来是两码事，更像同道中人的互相撑腰；讲义气者也常常是只问亲疏，不论曲直，做出一些“不轨于正义”的事情来。这是中国江湖文化的一个重要特征。应该说，这个特征在《投名状》里得到了“忠实”的体现。一纸投名状，塞满“生不同生，死愿同死”“……者必杀之”一类口号，教唆的都是要如何如何对兄弟负责；至于兄弟之外的东西，当然是一脚踹开。于是，我们在影片里听到“抢钱抢粮抢娘儿们”（后来改成了“抢钱抢粮抢地盘”）的高呼，也看到纳投名状前虐杀无辜者（动手前还要假惺惺道一声“兄弟，对不起了”）和屠宰俘虏的令人发指的罪行。这个意义上，礼赞兄弟情义不过是对影片最肤浅的表象化理解；作为江湖世界的最高法则，“义气”的两面性和遭遇的伦理困境暗含在影片的叙述之中——只是不知道，陈可辛在编导上述情节时有没有这样的考虑。进而言之，对于兄弟情义，影片更多传递了一种暧昧难解的复杂态度。一方面，我们能够从片中体会到对“手足相顾，患难相扶”的结义精神的推崇，这是从情节中自然流露出来的，是主创者的下意识行为。另一方面，主创者对这种理想化的人格图式抱有深刻的怀疑，所以才会将三位主人公推入命运的深谷，让这份准血缘的兄弟关系接受权力、人伦、野心、私欲的多重考验。结果却是，由于从观念到行动上的分歧，投名状的效力在庞青云、赵二虎那里很快就式微了（庞、赵二人没有本质上的区别，都是极端的个人主义者，唯一不同的是赵二虎身上有一副与其匪首身份不太匹配的侠义心肠）；终于，陈可辛导演和他的观众们一道，眼睁睁目睹了关于“兄弟”的江湖理想在酷烈现实的炙烤下灰飞烟灭。兄弟阋墙继而决裂的结局，瓦解了有关“兄弟情义”的传统想象，并向我们揭示了一个悲剧性的事实：那些被美化、理想化过后的东西，比如传说中同气相求、生死与共的“兄弟”，在坚硬的现实面前哪里有生存的土壤！它们来源于假想，也只能存在于假想之中。这样的意义揭示，无疑是深刻的。

相较而言，《集结号》对战友情、兄弟情的阐发要明快得多。从战场上生还的谷子地，生活中唯一有意义的事情就是为战场上死难的无名兄弟正名。他成功了，其结果是：其一，别人眼中莫须有的一段战争记忆被证实；其二，九连46名死难者的荣誉、尊严、烈士身份得到追认；其三，战场上的一群“爷们儿”用鲜血和死亡诠释的情谊，也在连长谷子地悲怆的寻找中得到了证明。这里补充一点，谷子地恢复死难兄弟的烈士身份，最直接的后果之一，是帮助烈士家属索回应得的500斤大米。有评论者从这种“庸俗化”的情节中，看到了影片对生命价值的一种轻贱态度。这实在是一个不小的误会。这种“轻贱”并不代表主创者的立场，而是编导在影片里想要表达的战争对于生命的态度。“烈士”与否的差别，在于500斤大米。通过这一荒诞而又颇具中国特色的细节，影片委婉地表达了对战争中生命伦理的反思。反思的文化品格，同样见诸《墨攻》。影片探讨的对象是先秦墨学，许多情节来自历史文献的记载，塑造的主人公革离更称得上是墨家前期思想的代言人。作品主题建构的可贵之处在于，没有停留于对墨学的机械诠释，而是从乌托邦理想与现实之间的矛盾着手，对墨者、墨家学说的悖论式处境和悲剧性命运展开了追问。

回到先前的话题，恰恰因为注入了兴味深长的内涵，大片制造的视觉奇观有了精神质素的依托，不再与历史文化、生存现实和普世人性相隔绝，不再只具备孤立的形式意义，而是敞开了生发感兴的广阔空间。也正是由于“视”与“思”的并轨，中国式大片在告别浮华迷乱之后，为我们呈现出了焕然一新的美学景观。这也是笔者将《集结号》《投名状》《墨攻》称为

“新奇观”电影的理由。

“干净”的逻辑

血性骁勇的《集结号》们固然是令人感奋的，尤其在中国电影灵魂僵冷的隆冬时节。然而，就在人们热切地表述自己如何如何被“大片”感动的时候，一些冷静的声音也不应该被忽略。是的，有必要追问的是——我们热爱的对象，有没有不经意间的迷失？在我们“爱”的背后，还有怎样的“怕”？

这个话题从《集结号》说起。《南方周末》刊登的一篇访谈录，介绍了《集结号》剧本诞生的始末。文中谈到，刘恒为了把这个剧本“做得干净点”，动笔之前就确定了这样的思路：“第一，我们不讨论战争有没有意义；第二，我们不讨论牺牲有没有价值。我就写一个故事：英雄受了委屈。唯有这条路才能让电影和观众见面。”[1]就成片的实际效果来看，这一创作理念基本上得到了冯小刚准确的诠释。问题在于刘恒这段话本身。这是一种让人困惑的表述。我始终难以理解：一部正面描写“战争”“牺牲”的作品，为什么可以如此干脆地撇开战争的意义、牺牲的价值一类的问题？战争的价值到底是什么？牺牲究竟有没有意义？如果这一切都可以统统省略掉，那么，战争跟游戏、牺牲跟自然死亡、烈士跟炮灰又有什么区别？如果连牺牲的价值和目的都没有搞清楚，那所谓的“英雄”又从何谈起？用刘恒的话来解释，这样做电影会变得“干净点”。这个说法有些不负责任。“干净”是一个什么样的美学范畴？电影为什么非得拍得“干净”？其实，刘恒话里的一句潜台词是：只有走“干净”这条路，才能获得主流价值的认可，才能“让电影和观众见面”；用通俗的话来说就是：“干净”则Pass，“不

[1] 张英，林怡静. 专访冯小刚：“每一个牺牲都是永垂不朽的”[N]. 南方周末，2007-12-19.

干净”则亮红灯。乍听有道理，但仔细一想，个中的逻辑却是牵强的。“不干净”的表现形式有成百上千种，正如对战争、牺牲这些命题的探讨，可以有数不清的方式；那么，除了在敌我之间区分正义与邪恶——《集结号》主要讲的是国共内战，这可能就是冯小刚所谓“不想趟雷”的那个意识形态之“雷”——就再没有别的对战争进行反思的角度了么？有意味的是，冯小刚推崇备至的《拯救大兵瑞恩》和《太极旗飘扬》，战争的意识形态性并没有被刻意回避，但这并不妨碍它们大张旗鼓地探讨战争的意义和牺牲的价值。用刘恒先生的标尺来衡量，它们显然都很不“干净”。请问，这又作何解释呢？

说到底，战争和死亡是没有办法“干净”起来的。我们在文艺作品里反刍战争，最应该关注的恰恰是战争背景下那些“不干净”的成分——比方说，本能的怯弱、恐慌，濒死的颤栗、求生的欲望，人性的阴霾和辉光，对信仰的守护或者放逐——只有通过对这些复杂的东西的体味，我们才能建构起对战争的理解，一种尊重个体生命价值的合乎人道的理解。《集结号》本可以抵达这样的精神深度；至少，我们从影片里看到了这种可能。然而遗憾的是，因为编导令人费解地预设了一个拒绝探讨战争意义的前提，作品人性开掘的空间被人为地压缩了，甚至留下一些让人扼腕的缺陷。

为了让电影“干净点”，战争的价值坐标被架空，理想和信仰也被当成意识形态从谷子地们身上抽走了。这样一来，叙述简单了，人物性格也变得干干净净，可结果呢？失去某种宏观价值作为精神支撑的九连勇士们，浴血厮杀的动机变得相当模糊。他们要做的，似乎只是为战而战，为牺牲而牺牲。偶尔的怯懦仅仅是展示给观众看的表象，视死如归是他们一成不变的面部表情。尿裤子的指导员眼中浮现的惊恐，也不过是他摇身变为“钢铁战士”的前奏。结合剧情来看，这些铁血战士并没有完成什么惊天动地的使命，只是用自己的血肉之躯成全了“团部”的安全转移——而且，这一切（包括他们毫无悬念的死亡）居然都是被安排好的！通过影片末尾揭示的集结号从未吹响（而且从头到尾根本就没有人想过要将它吹响！）的真相，我们惊奇地发现，九连被“组织”送进了一个人肉屠宰场，王金存、焦大鹏、姜茂才、吕宽沟们不是“牺牲”于敌人的枪口，而是惨死于一场可鄙的阴谋。这一刻，战争变得面目可憎起来。电影海报上有这样的宣传语：每一个牺牲都是永垂不朽的。无谓葬送在汶河窑场的46条人命，果真“永垂不朽”了吗？每一具生命的价值都是不可替代的，以让更多人存活的理由（为什么不找别的一些更有说服力的理由？哪怕仅仅是一种装饰）。把46个人往火坑里推，这样的逻辑在起点上是扭曲人性的。我相信战场上一定发生过类似的事情，但这并不代表它就是合理的；尤其让人难以接受的是，电影并不认为这是一个问题，甚至试图对这一行径进行合理化处理——我们从银幕上“看见”的，不仅仅是“故事”，而是摄影机背后的人观察世界、看待人性的立场，不是吗？是的，这是一场完全不应该发生的惨剧。除了印证团长的兽性和“组织”的冷血，九连战士们的死亡又还能证明什么？更让人揪心的是，面对这样一场必死无疑的绝望的战斗，更多的时候，他们失掉了人之为人的对生命的本能渴望，只是麻木地去执行一项彻头彻尾反人道的命令。只有动作没有动机的战争，无论多么血腥惨烈，都难以唤起观众的精神认同；同样的道理，只有机械的服从而没有信仰指引、没有理想主义辉光照耀的战士，无论多么骁勇善战，都抵达不了悲壮和崇高的境界。对此，崔卫平有辛辣的评述：“一群缺乏价值观及品德而持续扫射的人，是一群举止古怪的战争机器。”[1]于是乎，战争的意义变成了战争本身，已经跟人和人的生命毫无关联。刘恒有言在先的“我们不讨论战争有没有意义”“不讨论牺牲有没有价值”，用在这里，倒不失为绝佳的注脚。

《集结号》前半段用大量笔墨来再现逼真的战争场面，制造了迄今为止中国战争电影史上最华彩的视觉奇观。让我感到疑惑的是，一场搁置了“意义”和“价值”的战争，值得用这么大的力气去表现么？如果真像刘恒所说，影片的叙述重心是“英雄受了委屈”，那么，密度如此之高、强度如

[1] 崔卫平．别拿炮灰不当炮灰．http://blog.sina.com.cn/cuiweiping.

此之大的战争戏和主体情节之间有没有建立起令人信服的关联？换句话说，那些令人血脉贲张的强刺激画面，究竟是影片叙述的有机组成部分？还是和牡丹坊里小妹水袖击鼓一样，纯粹是为了餍足观众瞬时化的感官欲望？我以为，《集结号》里国际一流的战争场面也具有了某种“不及物性”，看不出它与此后谷子地“受委屈”“讨说法”的经历有什么水乳交融的联系。影片被分成了风格截然不同的上下两部分。后半部，故事的叙述远离了战场，焦点也终于对准了有“不平”和“委屈”需要宣泄、有“正常”的感情和诉求的活生生的“人”。这才是故事的主体，也是意义表达的主体。这么一来，前半部里那些被观众们津津乐道、充满形式感的战争片段，事实上孤立于影片的故事主体和意义主体而存在：与敌人一波又一波血肉横飞的火拼，仿佛一次又一次封闭的形式主义操练——它能达到的唯一目的，就是让人牢牢记住自己涂满油彩的脸孔。脸孔的背后，干干净净，一无所有。对早已熟悉“大片”伎俩的观众来说，这种体验似曾相识。我宁愿相信，形式和风格上的割裂是刘恒和冯小刚的无心之失，但这样的倾向似有些“重蹈覆辙”的意味，多少值得警惕。

从《墨攻》到《投名状》《集结号》，几部改头换面的“大片”在暴力嗜血的感官呈现上殊途同归。“叱咤杀人”、血肉横飞的片段，在影片里俯拾皆是。镜头迷醉于输出血腥刺激的暴力场面，杀戮的价值和伦理问题则常常被悬置。那些堆砌在银幕上的冷兵器与热兵器道具，直指淋漓的鲜血，酣畅刺激，挥洒着杀戮过程中的“快感”与“快意”。说起来，这称得上是中国类型小说（古往今来的武侠小说）与电影（武侠电影）的一大叙事传统；从中折射出的，则是从写作者到读者的中国人潜在的嗜血欲望。读多了野史笔记的周作人，曾做出过中国人“特嗜杀人”的判断。夏志清谈到水浒英雄喜杀人时也指出：“这些故事至今流传不衰，实在与中国人对痛苦与杀戮不甚敏感有关。”[1]探讨中国人的习性不是本文的任务，我想说的是，在纯

[1] 夏志清．中国古典小说导论［M］．合肥：安徽文艺出版社，1988：102.

粹的形式之外，思想内核的“现代性”，也应该是中国电影现代品格生成的一个重要来源。固然，通过虚拟的残杀，中国人“不轨于法”“嗜血戮”的潜在欲望在创作和阅读/观看中得到了替代性满足；但我们不得不问：在人权意识和法制观念被愈加看重的今天，“快意恩仇”的嗜血行径，是否还值得中国影人不约而同用如此大张旗鼓的方式来书写？——我们知道，摆脱嗜血的欲望，恰恰是人类告别愚昧、进入文明社会的标志之一。当然，上述观点有过于道德化的嫌疑，与电影本身关系不大。笔者无意于否定这些影片的艺术价值，只是想表达如下的奢望：生态物种极其贫乏的中国电影，能不能在否弃一种偏执的美学风格的同时，不转向另一种同样极端的风格和形式？能不能在瓦解一种陈腐的价值体系的同时，不去建构另一种形式的话语霸权？能不能放弃整齐划一的姿态，用尽可能不同的视角、趣味、风格以及对于生命和人性的理解，来编织真正繁盛多元的银幕“奇观”？

“红色”文本的叙事奥秘

——评《恰同学少年》

“互文”与“复调”

长篇连续剧《恰同学少年》的热播，成了当前本土大众文化领域富有“轰动效应”的事件之一。尚无先例的“红色青春偶像剧”命名，为该剧博得了空前热烈的关注，也是引发热议和争论的焦点所在。“红色”“青春”“偶像”，这一组语词的遇合和组接，在文化场域里产生了微妙反应；它投射在影像文本中的若干深有意味的征候，导致了不同文化观念、知识结构、审美趣味的人们的情感震荡，也使观照时下大众文化流变态势的思索得以在更宽泛的层面展开。

过于简单和贫乏，这是针对大众文化的一种惯常论调。这一观点的得出，很大程度上是由于论者使用了不尽恰当的评判标准，从而遮蔽了大众文化原有的复杂面目。在费斯克看来，大众文化的复杂性来自于文本话语结构与社会体验之间微妙的对应关系——大众文本的复杂性“既在于它的使用方式，也在于它的内在结构”，“（大众文化）文本所赖以存在的复杂密集的关系网，是社会的而不是文本的，是由读者而不是文本作者创造出来的。”[1]在这里，读者 / 观众是作为大众文本的书写者而不仅是识读者出现的。对建立在重复性和短暂性基础之上的大众文化来说，意义的确认需要在“互文性”阅读实践中才能完成。其原因在于，旨在“展现”而非“倾诉”、推崇“展示价值”而非“膜拜价值”的大众文本（电视剧首当其冲）并不具备自足的价值，个中留存了大量意义缝隙，召唤着观众用个人体验去丰富、填充甚至重构。如此一来，由于高度异质化的大众力量的介入，大众文本便成为一个充满斗争、矛盾和裂隙的开放式织体；它所包含的意义和快感时常处于变动不居的状态，在不同语境之下，它可以被不同解读者施以迥异甚至相反的阐释。

沿用巴赫金文论中的“复调”（Polyphony）理论——如果将“复调”理解为一种艺术思维或艺术视界的话——典型的大众文化文本，有着众多各自独立而不相融合的声音和意识；这些声音和意识，在对话、博弈、此消彼长的情形下组成了一个多声部的复调艺术世界。笔者以为，《恰同学少年》正是这样的典型大众文化文本。这部“令人耳目一新”的电视剧集，并擎“红色”与“偶像”之旗，用异常醒目的方式完成了多重叙事动机、多重文化内质和多重期待视野的织接。从主题结构、艺术意志再到人物范型，《恰同学少年》的多声部性和复调特征都是显而易见的。目睹荧屏里毛泽东、蔡和森、陶斯咏、向警予等恰风华正茂、“白衣胜雪”的“青春偶像”，观众

[1] 约翰·费斯克．理解大众文化［M］．王晓珏，宋伟杰，译．北京：中央编译出版社，2001：130.

在感到陌生、新奇、激奋之余，自然会将异质化的一己文化判断和日常生活经验嵌入与文本的“对话”之中，殊途同归地成为该剧意义的共同创造者和阐释者。

“红色”的符号学阐释

在中国，“红色”不单单属于美学和心理学范畴，而且附着了确定的意识形态蕴含。近现代以来，建构起了特殊意指系统的“红色”，常常成为无产阶级运动的隐喻性符码和色彩化表征，能够申发出浪漫、崇高、激情、理想、革命、牺牲等多重所指。而人们耳熟能详的所谓“红色经典”，作为一种含义特殊的实践性话语存在，由于附着了深刻的“一体化”主流政治/文化想象和不同主体的历史记忆，因而成为一个充分社会/历史化的审美概念。我们可以说，以“三红一创、青山保林”为代表的“红色经典”文本谱系以精神的方式参与了中国当代历史的进程——它们不仅是历史叙事，在某种意义上也是历史本身。

从小说到影视戏剧，“红色经典”地位的确立，很大程度上是主流话语介入文艺场域进行评价和倡导的结果。一方面，这里的“经典”主要是就意识形态意义而言的，并不是一个可以被充分讨论的美学范畴。在陈思和先生看来，“‘经典’是被历史所证明它代表着人类整个文化传统的根本的一些文本，只有经过漫长时间的考验，千锤百炼，精益求精，才能够称为‘经典’”；他甚至认为：“所谓当代文学史发展到现在也才五十多年。‘红色经典’这个概念本身对‘经典’这个词是一种嘲讽和解构。”[1]另一方面，“红色经典”通常具备大众喜闻乐见的通俗化艺术构造，其目的是面向尽可能广泛的“人民”倡导主流意识和社会主义文艺规范。作为大众文化最具代表性的一种形式，通俗文艺在精英立场主导的历史叙事中长期摆脱不了

---

[1] 陈思和．我不赞成“红色经典”这个提法［N］.南方周末，2004-05-06.

被边缘化的境遇，但事实上，它在民间的影响力之深远胜于文学史编撰者提供的叙述。在《八十年代访谈录》里，阿城与查建英论及20世纪中国文化的普遍性“焦虑”时曾提到，“即使在所谓‘五四’时代，当时的文学主流也是鸳鸯蝴蝶派”，“市民的东西，在消费上永远会是主流”。[1]进入新中国时代，文艺的功能性价值和大众化诉求被不断强化；具有“红色”元素的通俗文艺，于是成为了巩固社会主义文化领导权、建构社会主义文化空间的重要手段。

当今的消费主义文化语境下，包括《林海雪原》《小兵张嘎》《红色娘子军》《烈火金刚》等“红色经典”改编剧，由《恰同学少年》首开风气的“红色青春偶像剧”在内的“红色”文本，呈现出尤为明显的复调特征。“红色”符码在大众文化文本中的增殖，既得益于主流意识的提倡，也含有浓郁的市场趣味，体现了文本消费者的逆向选择。其一，刚刚过去的20世纪，牵动着人们太多血肉相连的想象和情感。跨世纪的历史背景，促使人们产生了挥之不去的怀旧情愫——其中有对过往年代的追忆，也有对流逝的个体青春岁月的感伤与缅怀。那些在记忆中若隐若现的“红色”符码（迎风招展的红旗／闪亮的红星／塑料封皮的“红宝书”／张贴画上光芒万丈的红太阳），往往能起到唤醒历史体验的功用；而集中浓缩了时代主流文化精神的“红色”文本，更是成为了寄寓这种怀旧情绪的绝佳文化载体。其二，在精神被物质宰制的情形下，日常生活是大众文本叙事的起点和“终端”，理想主义、英雄主义、革命激情这些曾经生产过剩的语汇反而变成了稀缺的、被猎奇和窥视的话语资本，凸显出潜在而巨大的利润生成空间。无论是蔓延滋长的怀旧情绪还是“奇货可居”的话语资源，都被全球化的消费浪潮“收编”进了资本网络，转化为可以批量复制的“产品”。由此，“红色”及其革命、理想的符号化蕴涵，在适应市场和产业语境的过程中，自身也成为了被消费的对象。

[1] 查建英．八十年代访谈录［M］．上海：三联书店，2006：29.

博弈中的共存

如上文所述，主流话语和市场话语在博弈中的互动共存，正是《恰同学少年》的典型复调结构。该剧主要讲述的是毛泽东、蔡和森等人青年时代的一段求学经历。纵观全剧，对以毛、蔡为代表的一辈革命先驱来说，其“恰同学少年”时代曲折跌宕的成长历程是被置于无产阶级革命“起源神话”的范式中进行书写的。在湖南第一师范的修学储能强身，为毛泽东的宏大志向和革命理想奠定了根基。从对非暴力改良运动的质疑，到教育救国观的动摇；从矢志解救苦难深重的中国农民，到讴歌“以霹雳手段建立新世界”（剧中杨济昌语）的俄国十月革命……我们通过这一系列“关键”剧情可以得知：该剧的核心意旨，不仅仅在于“还原”一个胸怀天下、识略超群，“立奇志、交奇友、读奇书、创奇事”的“伟少年”“奇男子”，更是为了塑造一个从观念到行动向无产阶级革命者不断靠拢的青年毛泽东形象。剧情的发展轨迹、剧中人物谱系的性格命运，基本上都是围绕这两个叙事动机展开；严格地说，前者是后者的核心表征，后者是前者在意识形态意义上的升华。毛泽东和他的同学朋友们在长沙度过的这一段激越慷慨的青春时代，尽管已逝去将近一个世纪，但却依旧向今日风华正茂之青年传达着振聋发聩的启示——只有勇担时代责任和历史使命，只有不贪图骄奢淫逸，只有投身于先进事业，只有为祖国之昌盛、民族之振兴而发奋成才，才是青年成长的“沧桑正道”，才能成就青年之真本色、真风采、真境界。

就《恰同学少年》的叙事风格而言，由于诗化元素的介入和诗化意境的营造，这部“红色”文本的功能性内涵被成功地稀释开去，内在的意识形态结构也只是以隐性的“潜文本”形态出现。毛泽东、蔡和森夜登麓山雨中长啸，一师诸生逸兴风发齐诵梁启超《少年中国说》，是笔者印象尤为深刻的两个段落；这一类情节，将强烈的乌托邦式理想主义冲动和高度诗化的青春浪漫情怀融为一体，具有极强的精神感召力，让观众获得了一种纯净而极致的快感体验。在大众文化的快感经济范畴里，审美快感的生产乃是与大众文本的消费属性密切相关的。说到底，《恰同学少年》对观赏性的重视，是顺从文化“产品”生产与消费规则的主动选择。在这部不无“另类”的“红色”文本里，伟人的求学环境、成长“秘史”、青春轶事、情感历程，饱和鲜亮的色彩基调、年轻演员赏心悦目的偶像化外表、乃至一师学子形似日韩剧的立领学生装……都不同程度附加了时尚和娱乐的底色，成为了被窥看/猎奇的对象和被消费的符号资本。重大题材创作所展露出来的这种看似“轻佻”的文化格调，是该剧招致部分观众诟病和质疑的一个重要原因。可以说，这是评价尺度的分歧所造就的误读。

事实上，20世纪90年代以来，商业影视剧的主流化和“主旋律”作品的泛娱乐化，已经成为大众影视文化生产的一项基本规则。为迎合当下受众的审美趣味，“红色”文本在生产和传播的双向互动过程中逐步形成了一个约定俗成的叙事范式，譬如：“在主要人物身上编织过多情感纠葛，强化爱情戏；在人物造型上追求偶像化，增加浪漫情调；在集体主义精神中挖掘个人英雄主义，在传统英雄人物身上挖掘多重性格，在反面人物的塑造上追求所谓的人性化和性格化。”[1]这些粗疏的描述，用以形容《恰同学少年》也许并无不当。归根结底，这一范式的生成，还是主流意识形态和消费主义逻辑两种异质力量综合作用的结果。将革命历史资源纳入消费时代偶像文化的生产机制，一方面，能够起到更好的传播效果，使观众在认同娱乐化、时尚化叙事诉求的同时，潜移默化地认同根植其中的观念形态，从而以更生动、更富时代感的方式达到宣传教化的目的；另一方面，可凭借大众文化与大众之间与生俱来的亲缘关系，促使经过通俗化改造的“红色”文本从庙堂走入民间，变得更富生机和光泽、更具亲和力和感染力，从而培育更多“红色”文本的潜在读者/消费主体。透过上述双重视角来看，《恰同学少年》做出的探索应当说是值得称道的。

综而言之，我们对于《恰同学少年》的解读，正如其本身异质并存的大众文本构造一样，需要在不同的思想维度和文化视界中展开。而这部剧作给大众文本/意识形态文本的生产与消费所带来的启示，也将很快被纷至沓来的文化实践所证明。

---

[1] 欧阳海燕．中国红色偶像接受史［J］．新世纪周刊，2007（11）．

文本的选择与被选择的文本

——评《敌营十八年》

被复制的“经典”

1981年春，《敌营十八年》在中央电视台播出。客观地说，这是中国首部真正以情节剧模式制作、最早产生广泛影响的通俗电视连续剧。时隔27年之后，2008年岁末，央视八套“黄金剧场”开播新版《敌营十八年》。有观众不无激动地回忆当年：“那时候，大部分的家庭都没有电视机。每天晚上父亲把电视搬到院子里，周围的邻居都来看，可谓盛况空前。我当时经常挤不到前面去，很烦恼。电视剧播出的日子里，小孩子们做游戏也在模仿江波。”显然，《敌营十八年》的故事在年长的观众那里，依然有牢固的心理印记——对新版电视剧的播出而言，对该剧旧版的旧梦重温，或许是一场共谋的情感 “预热”？

就类型而言，旧版《敌营十八年》无疑是一部经典谍战剧。共产党员江波打入国民党内部18年，期间，他与敌人巧妙周旋，除汉奸送情报，无数次历经生死。当年，它情节上的跌宕起伏、节奏上的迅速紧凑以及人物造型上的新颖独特，使告别文化劫难时代不久的中国观众耳目一新：多年被禁锢的视觉神经忽然得到了放松，影视作品的功能不再是政治批判、思想启蒙或艺术探索，而是渐渐回归了它娱乐和休闲的属性。但也正是这种注重情节性、戏剧性、惊险性和娱乐性的特点，在攫住观众视线的同时，当时也给这部剧作带来了很大的争议：美男计、女特务、大背头、泳装照，这些日后再普遍不过的娱乐元素，一度招致尖锐的批评。在崇尚禁欲主义的文化时代，思维的压抑是与身体官能的休眠状态相辅相成的。当禁锢成为人由内及外的一种常态时，20多年前的观众，的确还需要更多的时间去适应肆意的笑声和单纯的感官体验。

一部《敌营十八年》，不经意间，为中国式谍战、卧底题材电视剧创作开创了一个简单却又“颠扑不破”的叙事模式。此后的谍战剧，无论是我方还是敌方，高大全、脸谱化的形象越来越少，人性化的成分越来越多；在侦破剧中，卧底也几乎成为一种必然，他们也注定要和对方阵营中的漂亮女人产生某种暧昧的情愫——卧底警匪片集大成之作《无间道》，“三年之后又是三年”的陈永仁（梁朝伟饰）也依然延续着亦正亦邪的固定套式，并且暗暗给自己“曙光在前头”的激励。几乎可以说，20世纪80年代前期至今的同类题材影视作品，都在用不同的方式、从不同的侧面、以不同的程度复制《敌营十八年》，并向这样一部投资仅十万元的经典作品致敬。

不应忽略的是，《敌营十八年》载入中国电视剧史的经典意义，还在于其连续剧体式的确立。由于制作粗糙和“思想陈旧”，该剧播出时尽管遭到广泛批评，但它对电视剧长篇叙事功能的开掘作出了拓荒性的贡献。由于观众审美心理、电视媒介传播等多方面的因素，中国电视剧创作很快就步入了

“连续剧时代”。丰富的思想内涵、庞大的时空构架、“连续”的故事情节等与连续剧体裁相适应的艺术特征，逐渐成为了此后大多数电视创作者遵循的审美规范。在某种意义上，正是由于连续剧这一样式的不断成熟与茁壮，电视剧艺术才进一步与其他艺术形式（尤其是电影）区分开来，从而拥有了更加广阔的独立发展空间。

2008年新版电视剧《敌营十八年》，总长120集，将连续剧的体式特征发挥到了极致，第一轮播出的只是前三分之一。这部“鸿篇巨制”由“卧心”“雄心”“丹心”三部曲组成，以中共地下党员江波为主线，讲述了其凭着坚定的信念、过人的智慧和超凡的胆识，长期潜伏于国民党军队内，在不同的历史时期与各方人马巧妙周旋，并为革命输送大量军事情报的故事。在荧屏上“谍影重重”的今天，《敌营十八年》另辟蹊径，以中国第一部长篇电视剧为翻拍对象，并希图以“红色偶像剧”的定位为“谍战剧”注入新的生机。跨越27年时空，系联不同的时代情势比照新旧版本，可以窥见近30年来电视观众接受心理的“成长”、文本的风格转捩以及历史语境对文本的逆向选择。

红色文本的泛娱乐化征候

从2007年热播的《恰同学少年》到新版《敌营十八年》，“红色青春偶像剧”在内地电视剧创作领域渐成风尚。“红色”“青春”“偶像”——这一组语词的遇合和组接，在文化场域里产生了微妙反应，在影像文本中留下了若干深有意味的征候。

如果将巴赫金的“复调”理论理解为一种艺术思维或艺术视界的话——典型的大众文化文本，有着众多各自独立而不相融合的声音和意识；这些声音和意识，在对话、博弈、此消彼长的情形下组成了一个多声部的复调艺术世界。《敌营十八年》正是这样的典型大众文本，将主流文化倾向、时尚娱乐元素、商品消费品质包纳其中，用醒目的方式完成了多重叙事动机、多重文化内质和多重期待视野的织接。应该说，这是一种主动型、有目的性的选择——它寄望于借助“红色”与“偶像”织接所产生的“复调”文化效应，兼顾怀旧和时尚元素，从而在众多“谍战”剧中突出重围。

事实上，20世纪90年代以来，商业影视剧的主流化和“主旋律”作品的泛娱乐化，已经成为大众影视文化生产的一项基本规则。为迎合受众审美趣味，“红色”文本在生产和传播的双向互动过程中逐步形成了一个约定俗成的叙事范式，比如，在主要人物形象身上强化爱情，编织情感纠葛；在人物形象定位上追求“偶像化”效果，增加浪漫情调；在集体主义精神中挖掘个人英雄主义，在传统英雄人物身上挖掘多重性格，在反面人物的塑造上追求个性化、“去脸谱化”。在新版《敌营十八年》中，这些叙述上的策略可以说得到了忠实而全面的体现。这一范式的生成，归根结底，是主流意识形态和消费主义逻辑两种异质力量综合作用的结果。将革命历史资源纳入消费时代偶像文化的生产机制，一方面，能够起到更好的传播效果，使观众在认同娱乐化、时尚化叙事诉求的同时，潜移默化地认同根植其中的观念形态，从而以更生动、更富时代感的方式达到主流宣传的目的；另一方面，可凭借大众文化与大众之间与生俱来的亲缘关系，促使经过通俗化改造的“红色”文本从庙堂走入民间，变得更具亲和力和感染力，培育更多“红色”文本的潜在消费主体，从而在产业化链条的终端创造尽可能大的市场利润。

进而言之，当今的消费主义文化语境下，包括《恰同学少年》《敌营十八年》等“红色青春偶像剧”在内的泛“红色”文本（尤指《林海雪原》《小兵张嘎》《红色娘子军》《烈火金刚》《野火春风斗古城》《敌后武工队》等“红色经典”改编剧），普遍呈现出一种显在的复调文化结构。“红色”符码在大众文化文本中的增殖，既得益于主流意识的提倡，也含有浓郁的市场趣味，体现了文本消费者的逆向选择。首先，在文化转型时代，过往的记忆牵动人们太多血肉相连的情感和想象。记忆中若隐若现的“红色”符码往往能起到唤醒历史体验的功用；而集中浓缩了时代主流文化精神的“红色”文本，更成为寄寓这种怀旧情绪的上选文化载体。其次，在物质僭越精神的世俗化时代，理想主义、英雄主义、革命激情这些曾经生产过剩的语汇，反而变成了稀缺的、被猎奇和窥视的话语资本，产生出潜在而巨大的利润生成空间。由此，“红色”及其革命、理想的符号化蕴涵，在适应市场和产业语境的过程中，自身也成为了被消费的选择对象。于是，《林海雪原》《敌后武工队》《敌营十八年》一类表面上题材陷入窠臼、文化趣味落伍于时代的新编“红色文本”不乏大量拥趸，也就不足为奇了。

选择与被选择之间

在新中国的历史语境下，从小说到影视戏剧，“红色经典”地位的确立主要是主流话语介入文艺场域进行倡导和遴选的结果。

进入改革开放新时期，在20世纪80年代启蒙主义文化背景下，“红色文本”一度偃旗息鼓销声匿迹，及至世纪转折时期又借助大众媒介（电视）重焕生机。与彼时不同的是，这一时期的“红色文本”，其功能性内涵已渐趋消隐，被片面选择的是其市场品格和大众化诉求。这一现象，暗合了1990年代以来市场经济崛起背景下的后现代文化语境，是对市民阶层审美趣味的一种刻意的迎合。用大众传媒的手法拆解“经典”，实际上构成了对文学经典权威性有意无意的消解。这种解构权威、挑战经典的具有后现代意味的观念诉求，是和趋附于市民阶层的文化趣味密切相联的。说到底，这与电视媒介的文化特性有关。与书面文本所衍生的印刷文化相比，电视不是一种内涵丰富的文化媒介。美国学者莱斯特·瑟罗（Leste C. Thurow）就曾断言：“一种视觉-口头语言的媒介从很多方面把我们推回到文盲的世界。重要的是情绪视觉对感觉和恐惧的感染力，而不是逻辑对抽象的有活力的思维的感染力。”[1]与此相应的是，以电视媒介作为核心表现形态之一的大众文

[1] 莱斯特·瑟罗.资本主义的未来：当今各种经济力量如何塑造未来世界［M］.周晓钟，译.北京：中国社会科学出版社，1998.

化，是工业化和都市化所孕育的一种特有文化形态，它着重于借助大众传播媒介为数量庞大的民众生产富有日常感性愉悦的文化消费品。人们欣赏电视剧，首要目的并不是寻求理性沉思或文化启蒙，而旨在获得潜在感官欲望的替代性满足。

上文提及，通过女特务、大背头、泳装照等一系列激发大众感官愉悦的“噱头”，1981年版的《敌营十八年》在回归电视剧娱乐休闲属性的路向上作出了颇为果敢的尝试——尽管这种尝试一度陷入争议的旋涡。在时隔20多年后的大众文化时代，旧版《敌营十八年》种种娱乐化、大众化、推崇感官体验的局限性努力在新版中得到了淋漓酣畅的发挥，不再举步维艰，不再“犹抱琵琶半遮面”。9集的旧有版本，据说要被扩展成一部120集的“偶像史诗”。其“偶像剧”的质素，并非特指剧中主要人物都由年轻、俊朗、貌美的演员担纲，更重要的是，全剧基本符合经典偶像剧的故事编排要求，以男女主人公的情感纠葛和离奇经历为中心展开故事。导演游建鸣就曾坦言：这不是部军旅剧，应是偶像剧、言情剧。也正是由于情感、偶像元素的介入以及对言情剧风格的选择，这部“红色”文本的功能性内涵被成功地稀释开去，内在的意识形态结构也只是以隐性的“潜文本”形态出现。强烈的乌托邦式理想主义冲动和青春浪漫情怀在剧中融为一体，让观众获得了一种单纯而明快的审美体验。在大众文化的快感经济范畴里，审美快感的生产是与大众文本的消费属性密切相关的。说到底，《敌营十八年》《恰同学少年》一类“红色文本”对观赏性的重视，是顺从文化“产品”生产与消费规则的主动选择。在这些不无“另类”的“红色文本”里，感情纠葛、离奇情节、饱和鲜亮的色彩基调、年轻演员赏心悦目的偶像化外表……都不同程度附加了时尚和娱乐的底色，成为被窥看的对象和被消费的符号资本。

比对该剧的新旧版本，人物塑造上的文化差异值得一提。如果说，20世纪80年代初，大众呼唤的是一种不轨于正道的“邪气”，渴盼一种打破禁忌的快感的话，那么在物质丰裕、精神靡顿的今天，人们似乎更欠缺一腔浩然“正气”，呼唤的是可以拯救疲软灵魂、至阳至刚的钝感，是“不抛弃、不放弃”的许三多精神和铁骨铮铮、永不言败的“男人气”。于是，在老版《敌营十八年》中，张连文扮演的江波亦正亦邪，他手拿烟卷敞着领口与敌人谈笑风生的形象，几乎颠覆了此前荧幕上中共党员一味“高大全”的僵固范式。而在新版中，机敏、果断、冷静、忠诚、坚强、英俊、聪明、能干，则便成为了江波形象中被突出的侧面。对依附于大众化内质和文化工业属性的电视剧而言，归根结底，这都是不同文化语境下观众 / 市场逆向选择的结果。

张艺谋的文学魔杖

20世纪90年代初，张艺谋毫不吝惜地将第五代电影的辉煌归功于“文学作品给了我们第一步”，并且强调：“我们研究中国当代电影，首先要研究中国当代文学。因为中国电影永远没离开文学这根拐杖……就我个人而言，我离不开小说。”[1]时隔近20年后，张艺谋出席2010年第15届韩国釜山国际电影节时，也开诚布公地说道：“第五代没什么了不起！我们得感谢那个时代，那时的文学非常厉害，很多优秀的小说。‘文革’后发达的文学创作和当时全社会如饥似渴的学习氛围成就了第五代，让大家喷薄而出，一

[1] 李尔葳．当红巨星——巩俐、张艺谋［M］．北京：北京十月文艺出版社，1994.

鸣惊人，拍出了很多有力量的作品。”[1]

作为一个取得了巨大成功的电影导演，张艺谋对文学的这种近乎膜拜的态度，自然有着深刻的渊源。返观张艺谋20多年来的作品序列，我们会发现一个显著的事实——迄今为止，即由他导演的18部影片中，有12部由中国当代文学作品改编而来[2]。一位电影导演长时间如此执著于改编文学作品，这在中国乃至世界电影史上都属罕见。由此可见，张艺谋在电影银幕上书写的神话，是建立在高度倚赖于文学创作的基础之上的。从这一角度展开思索，不仅有益于我们丰富对张艺谋电影个案的读解，也涉及到一些辐射中国当代电影整体发展趋向的普泛命题。

文学的“蛊惑”

第五代导演在文化与审美资源方面普遍显现出对文学的高度倚重，其集中表现是：第五代具有影响力的代表作绝大部分由当代小说改编而来。然而，对从事影像本位艺术探索的第五代来说，这并不意味着他们理所当然地认同文学支配影视创作的传统模式。事实上，表面上对文学顶礼膜拜的第五代导演，只不过将文学作为了获取创作灵感的资源，他们以文学作品为基点

[1] 张艺谋釜山开课，直言对中国文学现状不满．新浪娱乐讯http://ent.sina.com.cn/m/f/2010-10-09/04313106753.shtml.

[2] 张艺谋改编自中国当代小说的电影作品：《红高粱》（根据莫言同名小说改编，1987）、《菊豆》（根据刘恒小说《伏羲伏羲》改编，1990）、《大红灯笼高高挂》（根据苏童小说《妻妾成群》改编，1991）、《秋菊打官司》（根据陈源斌小说《万家诉讼》改编，1992）、《活着》（根据余华同名小说改编，1993）、《摇啊摇，摇到外婆桥》（根据毕飞宇小说《上海往事》改编，1994）、《有话好好说》（张艺谋导演，根据述平小说《晚报新闻》改编，1996）、《一个都不能少》（根据施祥生小说《天上有个太阳》改编，1998）、《我的父亲母亲》（根据鲍十小说《纪念》改编，1999）、《幸福时光》（根据莫言小说《师傅越来越幽默》改编，2000）、《山楂树之恋》（根据艾米同名小说改编，2010）、《金陵十三钗》（根据严歌苓同名小说改编，2011）。

进行的再创造仍是以主体价值观念和审美情趣为至高律令的。

可资佐证的是，拍摄过《黄土地》《孩子王》《边走边唱》《风月》《霸王别姬》等一系列改编电影的陈凯歌，毫不隐晦地表达了对改编这一创作方式的质疑：他认为“真正伟大的电影作品还是原创作品，其基础就是专门为了电影而创作的剧本而不是小说……电影史上绝大多数居经典地位的影片都是原创作品”。[1]与陈凯歌相比，自称“离不开小说”的张艺谋对文学的态度更为虔诚。而这种虔诚，显然与张艺谋本人的文学观念和创作习性密不可分。张艺谋多次宣称，优秀的文学作品能激发他的创作欲望。有一段时间，文化界甚至流传着一句名言：中国小说的读者，如今只剩下了一个张艺谋。这当然是一则笑谈，但说张艺谋是当代小说的忠实拥趸大抵是符合实情的，据他自己的描述：“我经常买回一大堆一大堆小说来看，从中挑选出我喜欢的小说。我看小说带有功利性目的。一看到好小说，我马上会想到：这小说适不适合拍电影？要拍成电影会是什么样子？……刘恒开玩笑说：‘导演们现在看小说，可比他们作家勤快多了，真是一点脾气没有。’”[2]

之所以热衷于从小说中挑选中意的题材，张艺谋有一番独特的见地。当被记者问及为什么“离不开小说”、有没有想过自己编写剧本时，他回答道：“首先，小说家们的好作品，无论是写人还是写事的，都有深刻的内涵。这就为影片在内容上提供了一个很好的基础。如果我们自己去写，说实话，我们目前还没有这个水平，没有这种深刻的东西。其次是小说家们不同风格的作品可以使我们的影片风格各异，因为我一般是根据小说的风格来确定我影片的风格，这就使我能拍出风格样式完全不同的电影。”[3]张艺谋的这段论述中包含有两层涵义：

[1] 滕继萌．陈凯歌专访：外国文学与电影［J］．外国文学，1996（2）．

[2] 李尔葳．当红巨星——巩俐、张艺谋［M］．北京：北京十月文艺出版社，1994.

[3] 李尔葳．当红巨星——巩俐、张艺谋［M］．北京：北京十月文艺出版社，1994.

其一，优秀的文学作品（小说），能在思想内涵方面为电影奠定一个良好的基础。这自然基于对自己的思想深度和原创能力缺乏足够自信的前提。据说，张艺谋在北京电影学院读书时曾写过一个关于一条狗和知青生活的剧本，此后却没有了下文。[1]多年以后，他还坦言道："导演和编剧是两个范畴，编导一体都做好的只是少数，大部分人不是天才，我也不是。我自己也瞎编过一些，不是很好。我只算三流编剧。"[2]对自己的编剧水平不满意，也许正是他一味倚重于文学作品的原因之一。

其二，改编不同作家、不同风格、不同题材的小说，能使自己的电影保持艺术表现上的丰富性和多样性。事实上，无论是《红高粱》的狂放恣肆还是《菊豆》与《大红灯笼高高挂》的冷峻与阴郁，无论是《活着》所浸润的人间温情还是《秋菊打官司》里主人公令人感怀的质朴与执拗，无论是《有话好好说》里都市的躁动气焰还是《我的父亲母亲》中弥漫于田园乡野的烂漫纯真……纵览张艺谋的系列改编之作，的确贯穿着一股旺盛的开拓激情和强烈的求新欲望。而这些影片之所以成就了意蕴深广、令人感奋的创新业绩，正是受到了小说原作斑驳陆离的艺术样貌的直接影响——说到底，这是张艺谋自觉的选择。

论及张艺谋对文学"魔杖"的情有独钟，最为极端的例证是：1994年，为了满足自己题材上的嗜好和再创作之需，他以"同题作文，相互竞争，以便于电影改编"为名，一连发动了6位当红作家写作以武则天为题材的长篇小说。张艺谋是出于拍摄电影的目的约请众多作家"为银幕写作"的，深有意味之处在于：他向作家们索要的并非电影剧本，而恰恰是只能作为改编基础的小说。其至深的文学情结也由此可见一斑。对于张艺谋来说，内涵深刻、风格鲜明的文学作品是电影创作不可或缺的起点，是他充分施展再创作

[1] 陈墨．张艺谋电影论［M］．北京：中国电影出版社，1995：33.

[2] 张艺谋釜山开课，直言对中国文学现状不满．新浪娱乐讯 http://ent.sina.com.cn/m/f/2010-10-09/04313106753.shtml.

才华的前提。因此，他首先迫切需要的是意蕴深厚、能够作为自己灵感源泉的小说，而不是在某种程度上规约了自己艺术想象空间的分镜头剧本。这一当时备受争议的文化事件，[1]堪称20世纪90年代中国电影界与文学界最为奇特的“联姻”。在一些论者看来，这不啻为文学在影像的话语霸权下“卑躬屈膝”的明证。

任何一部改编之作，都会呈现出电影导演独具个性特征的文学观。具体来说，它又体现为导演对文学母本的选择以及遵循的改编策略。在对改编对象的确定上，受到张艺谋垂青的小说家如莫言、苏童、余华、刘恒、毕飞宇等，大多是20世纪80年代中期以至90年代以来的新潮文学主将。被他相继搬上银幕的《红高粱》《伏羲伏羲》《活着》《万家诉讼》等作品，也大多是不乏先锋意味、对当代读者的审美经验构成实质性冲击的小说。导致这一现象的原因大致有三：其一，80年代是崇尚思想启蒙的年代，思想解放运动的激流呼唤着文学艺术进行持续的观念变革和美学更新。在同一片文化土壤的滋养下成长起来的电影人和作家，很容易在文化观念、价值取向和艺术趣味上获得深层次共鸣。老一辈的第三代、第四代导演很少改编80年代中期以后面世的文学作品，其原因也在于此：先锋作家兼具形式探索和文化反思双重意味的文学观念，很难穿透时代造就的文化隔膜。可是，对于在“文革”后的北京电影学院接受了西方现代艺术启蒙的张艺谋来说，以《红高粱》《伏羲伏羲》《活着》为代表的一系列在文化根柢上接受了现代文学观念浸濡的寻根小说和先锋文学，恰好填补了他的开放性想象空间，也刺激了他蠢蠢欲动的创新热情。对此，他明确表示：“我觉得这两年文学界作品的面世和希望叙说过去的追求，给了我很大的刺激，让我考虑怎样从过去的那种风格里演变一下。”[2]其二，张艺谋素来极为推崇影像表意观念和视觉造型语

[1] 响应“同题作文”的号召，苏童的《紫檀木球》、北村的《武则天——迷津中的国王》、格非的《武则天》、须兰的《谁想毒死我》、赵玫的《则天大圣皇帝》、钮海燕的《中国女皇》相继问世。然而迄今为止，张艺谋仍未将这些小说中的任何一部搬上银幕。

[2] 李尔葳．当红巨星——巩俐、张艺谋［M］．北京：北京十月文艺出版社，1994.

言，新潮作家笔下独具魅力的民俗景观、瑰丽奇谲的艺术想象、变动不居的个性风格，为他以摄影镜头为笔书写绚烂璀璨的银幕神话赋予了极其自由的创造空间。在莫言、苏童、刘恒、余华等先锋作家这里，传统现实主义沉滞的想象已远不足以涵盖他们个性显扬的艺术追求：他们笔下的历史，是附丽了个性化臆想而又留有充分阐释余地的历史；他们所描述的现实，也是经过主体精神过滤的意蕴丰富的现实。其三，《红高粱》《妻妾成群》《伏羲伏羲》等小说之所以受到张艺谋的垂青，与这些作品中蕴含的影像造型潜力有相当密切的关联。在世界范围内，20世纪强调的是与早期变化的艺术相对立的并置的艺术；小说形式的空间化作为20世纪现代小说在叙事技巧上的普遍性追求之一，与电影艺术时间元素空间化的核心特征形成了内在呼应。B. 日丹就曾经指出，“具有整体与局部新的相互关系的镜头的动态结构、角度和透视、叙事的急剧转换”这一视象原则已稳固地进入现代文学的结构中；现代小说愈加关注造型性、细节、手势和角度，“我们时常见到在时间上彼此相距甚远的场面发生复杂的蒙太奇转换和‘叠化’，见到各种不同的、截然相反的叙事层次富于表现力地交织在一起”。[1]80年代，从观念到文本层面均充分吸纳了西方现代文学素养的中国先锋作家，在从事写作时也不由自主地将空间化、碎片化的情节处理方式融入传统的线性叙述之中。因此，先锋小说中常常呈现出类似电影镜头的不绝于缕的流动映像。显然，这为电影导演进行从文字到影像的语言转换提供了便捷。莫言在回忆与张艺谋的第一次合作时，有过这样的描述：“我之所以把《红高粱》交给他拍，是考虑到小说里面的高粱地要有非常棒的画面，只有非常棒的摄影师才能表现出来。因为在建构小说之初，最令我激动不安的就是《红高粱》里面的画面，在我脑海里不断展现着一望无际的高粱地，如果电影不能展现出来，我觉得不成功。我看好张艺谋。后来，影片拍出来的影响超乎预料。”[2]不言而喻，

[1] B. 日丹. 影片的美学［M］. 北京：中国电影出版社，1992：439.

[2] 莫言. 小说创作与影视表现［J］. 文史哲，2004（2）.

莫言在小说《红高粱》中有意追求的这种空间化想象，高度吻合了摄影师出身的张艺谋对于小说的期待视野和对于电影的视觉艺术本质的认同。

影像本位的改编观

就张艺谋的具体文学改编观念而言，他迷恋改编的意旨，并非在银幕上搬演现成的文学作品，而是借助文学获得内涵和风格上的参照从而阐述自己的美学主张。在这个意义上，他与陈凯歌、张军钊等第五代导演一道，共同完成了对传统文学改编观念的颠覆。

基于影像本位的美学追求，张艺谋对文学作品的改造早已不拘泥于是否忠实于原著的层面。在张艺谋看来：文学只是影像创作的灵感来源，杰出的电影导演不会满足于对文学作品进行简单的转译，而应当是一个具有独立审美观念、精神立场和创造能力的艺术家。出于这样一种认识，他实际上将作为改编对象的小说作为了寄寓自己价值观和艺术观的“躯壳”，将小说家的艺术成品视为自己进一步建构银幕奇观的依托。对此，张艺谋有过一番形象的自述：“我一直认为文学是母体，并希望从小说里发现一个点，然后再逐步地扩展。长期以来我已经习惯于这种创作方式。我觉得好的小说能给人提供想象的空间，不会给我更多的制约”；“长期以来，我已经比较习惯于别人给我一个刺激点，我还是比较喜欢这种工作方式和创作方式。因为，让我自己去写，我会很容易主题先行或概念先行。我愿意在最初的创作上处于被动状态，处于盲目状态，随便在文学中去感受我期待的东西，然后有个点刺激我，我会产生冲动和欲望。这样会显得感性些、灵活些。”[1]可见，张艺谋已经习惯于从小说中猎取激发自己创作欲望的“刺激点”。对他来说，理想的小说能够拓展而不是制约自己想象的空间。创作初期的“被动”和“盲目”，为的是获得一个“灵活”而“感性”地挥洒自己才情与想象的支

[1] 倪震．五代精英话当年［J］．电影艺术，2000（5）．

点。综上所述，作为一名拒绝墨守成规、崇尚叛逆意识的先锋电影闯将，张艺谋对文学“魔杖”的依赖终归服务于电影本体性艺术创造的根本前提。也就是说，在张艺谋的艺术世界里，既然“拍什么”已经由文学原著决定或部分地决定，那么，“如何拍”往往显得更为关键和紧迫。正如他自己所描述的那样：“通常，我们拿到小说后，先不说这电影要说什么东西，我们首先讨论该怎么拍。简单地说，就是要拍成一部什么样的电影。我觉得这一点很重要。”[1]

《红高粱》作为张艺谋的导演处女作，集中表达了他的上述文学观和改编策略。《红高粱》的小说原著，出自寻根文学主将莫言之手。莫言的《红高粱》系列小说，以高密东北乡为背景，通过对民族的骁勇血性的理想状态的追寻，以书写生活在这片土地上的先人们奔放热烈、无拘无束的生命传奇。小说中粗犷豪迈、元气充沛的风格，在影片中得到了进一步发扬。得益于造型、色彩、声光的立体塑造，银幕上的《红高粱》甚至散发着更为浪漫奔放的艺术气质。影片沿用了小说的叙事视角，以第一人称的“我”来讲述“我爷爷”“我奶奶”和“我父亲”的故事。在情节构成上，出于电影表达的需要，张艺谋删繁就简地对小说进行了大刀阔斧的改造。小说中“我爷爷”当土匪、“我奶奶”与罗汉大爷私通、“我奶奶”强认高密县曹县长作干爹等内容枝蔓被大量舍弃。“我奶奶”从出嫁到被日本人打死这一原著中的次要情节，则变成了影片的贯穿线索。经过这些调整，小说中复杂的人物性格、人物关系和大幅度时空交错，被类型化的人物形象、简洁的叙事和单一化的视角所取代。莫言着意诗化的高粱地里祖辈们的传奇历史，被剔除了壮阔的背景和丰富的人生内容之后，也被降格为“我奶奶”和“我爷爷”的爱情故事。对小说原著的改写与简化，为视听造型语言腾出了无穷广阔的施展空间。这正是张艺谋极为擅长之处。颠轿、骑驴、酒歌、野合，在一系列张扬着酒神精神的仪式化场景中，导演用充满现代意味的电影语汇，舒展着

[1] 李尔葳．当红巨星——巩俐、张艺谋［M］．北京：北京十月文艺出版社，1994.

自由、激越、狂放的生命意志。“妹妹你大胆地往前走 / 往前走 / 莫回头 / 通天的大路 / 九千九百 / 九千九百九……”，小说《高粱酒》中“我爷爷”唱给“我奶奶”的这支歌成为了影片里野性十足的主题曲，以充满想象力的方式宣泄了民间世界的非理性生命冲动。影片末尾，血红的天空、漫天狂舞的血红高粱，喧嚣的鼓点、震天的唢呐，声画语言的极致渲染更是为中国电影赋予了前所未有的炽烈气象。

莫言的小说，是“最美丽也最丑陋”的客体存在与“最热爱也最痛恨”的主体情感的胶着体。在作家笔下，一切有关高密东北乡的人和事都有复杂的多重文化蕴涵。基于“唱一支生命的赞歌”的创作诉求，张艺谋以自己的方式对小说的精神内涵进行了平面化处理——人性异化、时代对人的迫害等复杂的主题，让位于对个体生命力的张扬；对“民族寓言”的审视，演变成对奇异民俗图景的猎奇；由滞重历史衍生而来的焦虑与沉思，也在感官狂欢中被稀释。据此，有评论家认为：张艺谋的《红高粱》是对莫言小说的一种低层次的模仿、改编和展现，它在借鉴了小说强烈的主观色彩、充沛的创造激情、大胆的形式探索的同时，削平甚至背离了莫言小说具有的思想深度。因而，“它只是张艺谋的内向与压抑的性格与心态掩饰之下的，内心深处的熔岩的一次释放或爆发”，“是作者隐秘的内心渴望的一次虚拟的实现或满足”。[1]这一评判固然不无道理，但问题在于：张艺谋想拍的原本就是一部“简单”“好看”、有点“小味道”的电影，他所要表达的仅仅是“人活一口气”这一“拙直浅显”的主题。[2]小说里的深度文化意蕴不仅不是他的兴趣所在，反而成为了他精心筑就视听感官盛宴和银幕奇观时着意稀释的对象。在笔者看来，《红高粱》的电影文本与小说文本之所以存在如此大的歧异，并不见得是张艺谋对莫言的误读，而主要取决于前者影像本位的文学改编策略。电影《红高粱》在美学品格和影像造型上的非同凡响，很大程度

[1] 陈墨．张艺谋电影论［M］．北京：中国电影出版社，1995：64.

[2] 张艺谋．我拍《红高粱》［J］．电影艺术，1988（4）．

上也要归结于此。

20世纪90年代以来，随着市场经济的崛起和大众文化的勃兴，第五代的美学观念和价值立场呈现出明显的分化趋向：前卫的艺术观念、大胆的探索精神日益消隐，“先锋性”逐渐被“时尚化”“商业化”所取代，具有代际标志的审美旨趣和人文意识更是走向分崩离析。电影创作者不得不将艺术实践想象纳入商业和市场的意义格局，重新摸索和确立自己的位置。在世纪之交众多“入市”的先锋电影人当中，张艺谋的创作轨迹无疑具有典范意义。客观地说，第五代群体中，张艺谋的作品并不以思想蕴含深度和文化批判力度见长。这与创作者对电影本性的认识有关。张艺谋曾明确表示：“电影就是电影，还是让人看，不一定托起意识形态那么多东西，能悟到多少算多少，不要拍得特别累”；“我觉得观赏性并不等于商业性，寻找观众也不是媚俗。电影是要通过看来理解的，它的思想内涵必须以观赏性作依托。”[1]对于一部成功的电影来说，观赏性的确是不可或缺的，但观赏性与商业性之间的暗合也是显而易见的事实。90年代，以文学为“魔杖”的张艺谋一如既往地在电影世界里延续着他的文学想象。一方面，他始终没有摆脱对当代小说的依附，源源不断地从同时期的优秀文学作品中攫取灵感；另一方面，他以自己惯有的方式和立场，从观赏性与艺术形式探索相结合的角度对文学文本进行肢解和篡改，苦心孤诣地书写着一幕幕感奋人心的影像奇观。

在《菊豆》中，小说原著《伏羲伏羲》的时代背景和历史线索被虚化，主要人物的身份和命运也被大幅度改写。具有浓厚象征意味的杨家染坊成为了影片的核心场景。在幽闭的叙事空间里，张艺谋津津乐道地讲述了一个关于弑父与乱伦的故事，反思文化悲剧与人性悲剧的历史循环。同时，他也用近乎偏执的热情营造着奇观性的视觉震撼效果，以极其强烈的方式作用于观众的思想和情感。在与《菊豆》风格近似的《大红灯笼高高挂》里，苏童小

[1] 钟大丰，舒晓鸣. 中国电影史［M］. 北京：中国广播电视出版社，1995：213-214.

说《妻妾成群》中个体内心的冲突也让位于人物与环境之间的尖锐矛盾，而这种矛盾则诉诸于适合银幕表现的外在元素：围绕“大红灯笼”精心设计的一系列视觉意象、与世隔绝的深宅大院、近乎诡秘的习俗（如“挂灯”“点灯”“吹灯”“封灯”等）。影片既延续了小说中的文化象征意味，营造了一幅幅封建中国的隐喻式图景，也通过一系列虚构的仪式化民俗奇观满足了观众的猎奇心理和感官愉悦。在《大红灯笼高高挂》里，抽象的历史文化反思、具象的民族文化表征杂糅于一体，造就了一个暗含着多重文化符码的奇异而缭乱的银幕神话。张艺谋自认为，这部影片“有很深的造型、强烈的意念、强烈的象征和氛围，还有对历史文化的反思和批判”，“是第五代风格发挥到极致的一个作品”。[1]在对《妻妾成群》改编为《大红灯笼高高挂》这一现象进行文化阐释时，文学史编撰者精辟地指出：电影对小说的一系列改变，一方面是出于电影对视觉性的要求，因为精神性与主观性的内容很难在影像上得到明晰的表达；另一方面，影片也展现了明显的商业性追求，种种“异于寻常的仪式和环境描绘”在激发观众猎奇心理的同时，其文化象征意义反而被蒙蔽，“只在视觉刺激上堕为一种令人好奇的噱头”。[2]

1993年，张艺谋完成了《活着》的改编。影片对人物命运的篡改，直接地表现为降低“死亡”的频率，让家珍、二喜、苦根这些小说中接连去世的人“活着”。这一改动，在很大程度上解构了余华小说中原有的深度文化模式。与余华前期小说不同的是，《活着》是以生命的残酷来探讨人道的生存实质。作者在对故事中的人物和事件的无动于衷或不动感情的态度中，呈现了“活着”本身所包孕的无可替代的尊严，也以存在主义的思想锋芒省思了“死亡”这一“不确定、超不过的可能性”。[3]然而在张艺谋的《活着》

[1] 李尔葳．当红巨星——巩俐、张艺谋［M］．北京：北京十月文艺出版社，1994.

[2] 陈思和．中国当代文学史教程［M］．上海：复旦大学出版社，1999：334.

[3] 海德格尔．存在与时间［M］．上海：三联书店，1987：310.

中，偶然性而又不乏宿命意味的死亡被尽可能避免了，影片中的死亡事件甚至大多被附着了浓郁的社会 / 历史因素，如“大跃进”中的有庆之死、“文革”中的凤霞之死。这固然强化了电影的悲剧色彩和社会批判意味，但也背离或者说稀释了余华小说中的思想意蕴。此外，皮影戏等民俗符号的出现，改变了小说主人公福贵的生活环境和身份职业，也使影片的“可视感”和造型意义大大增强——这依然是与张艺谋影像本位的追求息息相通的。需要补充的是，电影《活着》的拍摄是在台湾制片商的投资下完成的。境外资金介入大陆电影制作，在拓宽中国电影发展思路的同时，也加速了中国电影与全球化资本市场的磨合，从而导致了自身商业属性的增强。可以作为例证的是：为了迎合观众的审美趣味，影片在对原著的精神建构进行平面化处理的同时，还在对情节的戏剧化改造中融入了贴近平民生活的人道主义温情。它甚至被台湾影评人焦雄屏认为是第五代导演拍摄的第一部“通俗剧”。在这个意义上，与其说《活着》是对小说的改编，不如说这是张艺谋借文学原著之壳进行的一次酣畅淋漓的自话自说。此后，在《秋菊打官司》《一个都不能少》《我的父亲母亲》《幸福时光》等主题类型、审美意旨、影像风格纷繁驳杂而又一致展露出明显通俗化特征的改编作品中，这种改编理念得到了习惯性的延续。例如，张艺谋在回忆《一个都不能少》的创作过程时说：一次偶然的机会他看到了施祥生的小说《天上有个太阳》，“原小说故事讲了一大堆，老师也写了好几个，其中有一条线索写了一个跑进城里的失学小学生，我发现这条线索暗合了我多年的一个冲动……我把原小说的作者请来，以失学这条线索为基础，把故事彻底改了”。[1]又如，莫言1998年发表在《收获》上的以下岗工人生活为题材的《师傅越来越幽默》被张艺谋相中。可是，作为小说的原创者，莫言等来的结果却是——“剧本出来以后，我很不满意，跟我小说里面唯一的相符之处只是有一个废旧的汽车壳子……总

[1] 张艺谋说《一个都不能少》[M]//杨远婴．90年代的“第五代”．北京：北京广播学院出版社，2000：123.

之，《幸福时光》是张艺谋的艺术创作了。”[1]据此，我们不难想象作为“母本”的小说在张艺谋电影创作中所处的尴尬境地。

综上所述，就20世纪八九十年代张艺谋电影与文学的关系展开的整体性归纳，可以从看似构成矛盾的两种视域内进行。一方面，对文学具有一种依赖感的张艺谋，迫切需要凭借现成文学作品寻求艺术掘进的方向和灵感激发的源泉。事实上，如他所反复强调的，正是那些构思精巧、意蕴丰赡的小说在内涵、风格和文化根基上为自己的电影创作奠定了坚实的基础。从这个角度来看，张艺谋的成功很大程度上在于倚赖了文学这根“魔杖”。另一方面，附着了影像本位观念、形式探索热情而又不乏市场意识的张艺谋，又必然以视听造型和大众文化范式为基准，无所顾忌地对原著进行“伤筋动骨”的大幅度篡改。于是，我们便看到了张氏系列影片中不胜枚举的针对小说原作的种种叛逆化话语转换。从这个角度上来说，张艺谋之所以成为一位屡创银幕神话的电影“大师”，又应当部分归功于他对文学作品的“不忠实”和创造性反叛。

作为当代中国电影界的旗帜性人物，张艺谋的文学化想象呈现出来的就是这样一幅奇特的悖论式景观。我以为，与其说这是张艺谋在艺术观念层面上的自我分歧和断裂，倒不如说这体现了他对电影艺术本质和文化禀性的入微洞悉。作为多种艺术类型和多重文化基因的媾和体，影视自诞生之日起就显现出艺术品性上异常驳杂的特色，它自然无法割裂与其他姊妹艺术之间的天然渊源。与此同时，它又有着从内在文化品质到外在表现形式上的诸多独特性规律，无法被既定的传统文化 / 艺术想象所规约。这一特征的重要表现之一，就是以文学为代表的传统艺术元素在影像创造过程中与影视艺术本体规律之间暧昧难解、若即若离的关系。而且，在二者的共生与“对话”中，后者显然更容易占据主导话语地位。张艺谋以影像创造为本位的文学化想象，正是上述情形的杰出代言。

[1] 莫言．小说创作与影视表现［J］．文史哲，2004（2）．

文学于张艺谋而言，一方面，是从事电影艺术创作的支点——“我认为电影导演这个职业，就是使文学作品形象化”[1]；另一方面，他借鉴小说的最终目的在于缔造银幕奇观而不是抒发对经典文学文本的迷恋。然而，当不断从文学中获得“取材和走向”上的参照、不断以文学作品作为艺术想象“原动力”的创作方式形成长期以来固化的思维模式之后，张艺谋对文学的依赖也已经发展到无以复加的地步。可以作为反证的，是他执导于新世纪之初的两部“武侠巨制”《英雄》（李冯、张艺谋、王斌编剧，2002）与《十面埋伏》（李冯、张艺谋、王斌编剧，2004）。《英雄》试图在臆想中塑造合乎历史目的论的“英雄”主体，从而以个人体验和理想化的方式完成对历史的重新建构。据主创人员介绍，该片在解释中国历史的同时，甚至呼应了“9·11”事件之后21世纪的世界政治格局。这种异常宏大的叙事理念和过于明确的话语所指，在影片中窒息了艺术个性的生长空间。苛刻地说，为了塑造“胸怀天下”的真英雄，为了讲述“世界和平”的大道理，为了渲染暴力的美学与美学的暴力，张艺谋不惜将历史和人性的丰富内涵淘洗一空，用犬儒主义和强权膜拜的反现代性思想内核以及几近泛滥的精美镜头，堆砌了一个人性稀薄、情感缺失、历史观错位的幻想空间。影片在对经典化的中国历史进行恣意篡改的同时，又传达不出任何戏拟和解构的深层文化意味——唯一成就的，只是张艺谋一次天马行空的伪历史想象。削平“意义景深”的纯形式追求，在《十面埋伏》里更是演绎得淋漓尽致。如果说《英雄》还留有一定的历史文化标识、渗透着作者重构历史的观念诉求的话，《十面埋伏》则彻底斩断了历史的指向性，也从根本上拒绝了以历史为依托进行反思性叙事的可能。张艺谋的电影里，历史第一次在真正意义上缺席。历史终结之处，仅仅是眩目的光影，仅仅是纯粹到极致的男女欢爱——“这就是后现代

[1] 张艺谋釜山开课，直言对中国文学现状不满. 新浪娱乐讯 http://ent.sina.com.cn/m/f/2010-10-09/04313106753.shtml.

时代的美学消费主义，人们消费感性，消费视觉和听觉，消费纯粹的爱情，而历史已经死亡，它不在场。”[1]

从纯粹的商业语境来考量，《英雄》《十面埋伏》的创新业绩是不容置疑的。这两部类型化的“武侠巨制”堪称不折不扣的“景观电影”，对奇观化视觉体验的追求达到了一种登峰造极的地步。它们制造的是视听奇观的饕餮盛宴，餍足的是大众的感官享乐欲望，创下的也自然是令人咋舌的票房神话。尽管张艺谋的品牌效应及其奇观化影像策略是不可复制的个案，但在大陆电影市场持续萎靡的当下，它们毕竟为国产电影的产业化转轨道路树立了信心，也做出了表率。然而，从形而上的美学层面来评判，美轮美奂的画面和音效、堪比好莱坞大片的宏大场景，却难以掩饰影片精神内涵的空洞和叙事能力的贫弱。很大程度上，这应当归咎于剧本艺术水准的欠缺。一个醒目的事实是，《英雄》和《十面埋伏》均是地地道道的原创影片，张艺谋以此前未有的胆魄摆脱了文学这根拐杖，自己摇身变成了剧本的原创作者之一。这一事实的直接后果之一，便是这两部影片（尤其是《十面埋伏》）在叙事上存在着空洞、矫情、概念化等一系列缺陷。

作为一名杰出的形式主义大师，叙事能力上的局限一直是张艺谋寻求更大突破的瓶颈。作为当代影坛最负盛名的中国导演，即使张艺谋高频率地借鉴了小说原著中精彩而自足的故事，他在电影中表现出来的对叙事的感知能力和驾驭水平仍然要逊色于许多同辈甚至新生代电影人。早在20世纪90年代初期，张艺谋本人对此曾有过诚恳的反思。当时他在接受记者采访时，谦逊而诚恳地表示：“我也确实看到过一篇影评文章，说第五代导演没过叙述关，我认为这点说得对。我从自己的第一部摄影作品《一个和八个》开始反省自己。那时是强烈的改革意识和浓厚的人文思想掩盖了我们的作品在叙述上的缺陷。”他坦言自己拍《红高粱》时就“没有过叙述关”，并且表达了自己要在叙述上“补课”的强烈愿望——“现在我做导演，最大的体会就是

[1] 陈晓明. 张艺谋的还童术 [J]. 读书，2004 (10)

首先要过叙述关。你有没有能力描叙，有没有兴趣描叙，有没有那份心去描叙，这一点很重要。现在领悟到这一点并加以改变，已经有点被动”；“我觉得叙述这一关是一辈子要过的，绝不是在一部影片里就能完成的。”[1]一位声名显赫的导演有这样的自我反省意识确属难能可贵，但遗憾的是：在他说出这番话10多年以后，一旦抛弃了文学的“魔杖”，他自起炉灶的原创影片便立竿见影显现出了叙事能力的拙劣以及文化创意上的瘠薄；而来自叙事和深层文化意蕴层面的症结，恰恰是任何精致的画面和造型都无法弥补的。

《英雄》与《十面埋伏》固然没有现成的文学原著可资改编，但张艺谋的文学情结和文学化想象却并没有就此终结，而是在另一种意义上获得了延续。这两部影片的第一编剧李冯，是新生代代表作家“广西三剑客”（东西、鬼子、李冯）之一。李冯创作的《我作为英雄武松生活的片断》《牛郎》《16世纪的卖油郎》《中国故事》等一系列新历史主义小说，大多取材于中国的历史故事与民间传说。他习惯于以戏仿（Parody）的方式，对被仿文本中的标本式人物或经典故事进行消解与颠覆。在李冯的小说中，一切确定性都成为了被质疑的对象，叙述中的生活以单纯的形式推进。而一旦历史的真实性、连续性、整体性内涵在李冯笔下被彻底解构之后，对叙述过程及形式自身的迷恋便成为了作家个体写作的至高追求。从这个角度来看，《英雄》对众所周知的荆轲刺秦典故所作的颠覆性阐释、《十面埋伏》的纯粹形式主义美学境界，可以视作李冯在电影文本中对个体写作风格的自我复制。由此可见，张艺谋以“古装加武侠”为外衣构筑银幕奇观的原创性举动，依然以潜在的方式接受了中国当代文学创作的规约。

2011年，张艺谋将严歌苓小说《金陵十三钗》搬上了银幕。这部影片一反此前十年张艺谋作品所遭遇的“一边倒”式尖锐指摘，在评论界和大众中间赢得了久违的赞誉。究其根本原因，当是作品依托于优秀文学原著，在很大程度上矫正了叙事贫弱、形式重于内容的缺憾。改编同时代小说，如前文

---

[1] 李尔葳．当红巨星——巩俐、张艺谋［M］．北京：北京十月文艺出版社，1994.

所述，一直是张艺谋最为熟稔的创作路数。张艺谋依托《金陵十三钗》所完成的“回归”，是张艺谋电影与当代文学之间深刻关联的又一明证，也寓示着文学“魔杖”对于当下中国电影创作者难以驱遣的“影响的焦虑”。

“第六代”：迷失的青春镜语

“第六代”，是对中国电影“新生代”导演群体一个形象化的命名。这是一个带有一定相对性和随意性的命名。总的说来，它指的是生于20世纪60年代的一批青年导演（以北京电影学院85、87、89、93级导演班毕业生为中坚，也“汇入”了少数中央戏剧学院的毕业生），其中我们较为熟悉的有王小帅、张元、张扬、娄烨、管虎、路学长、贾樟柯等。

更大程度上，“第六代”的称谓源于一种思维惯性。因为，他们毕竟是在名噪一时的“第五代”导演群体逐渐淡出人们视野后登上历史舞台的。一方面，这一称谓寄寓着理论界和观众对他们的期待和希望；另一方面，命名先于创作实践的事实，导致了这一群体内部的差异性，与前五代电影人相比，我们仿佛很难找到这一群体旗帜鲜明的美学主张和风格统一的作品序列。“新生代”“90年代前期导演”“新状态”“晚生代”……从这些鱼目混杂的名号中间，我们能够看到大家对这一群体不同角度的理解；尤其值得注意的是，即使就这一群体本身而言，考虑到体制内 / 体制外拍片的共时性分歧和历时性分化，他们在近20年间的创作倾向也存在着驳杂难辨的“变异”和“转轨”倾向。因此，我们对这一群体的描述，只能在一种相对粗疏的感性视角内进行。

时代夹缝中的产儿

生于60年代，既生而迷惘，也生而悲壮。那是一个历史夹缝中的年代，摆不脱的是因袭的重负，丢不掉的是对未来生生不息的向往。对从这个年代里成长起来的中国电影人来说，“红色中国”的记忆已经不再真实，而比他们更年轻的、受到电子时代充分滋养的“DV新世代”，更呈现出与其在价值观、行为方式上的“代际差异”。于是，在两个时代的夹缝之间，在前有峰峦、后有山谷的窘境之中，挣扎在历史漩流里的“第六代”电影人，只好在四面楚歌的寂寞中“自打锣鼓，勉力歌唱”。

放弃“第五代”书写“历史寓言”、呼唤民族振兴理想的艺术追求，拒绝悲天悯人的忧患姿态，同时也点缀着一些后现代主义的“笑傲江湖”、自命清高，“第六代”以一种“众人皆醉我独醒”的“大无（所）谓”精神开始了令人侧目的表演。可是，自诞生之日开始，他们就面临着一个先天性的困境：一方面，前五代影人所建构的重意象、重神韵的中国电影美学传统，形成了一个难于逾越的天然屏障；另一方面，还要受到西方现代、后现代帮派林立的“三无”（无主题、无中心、无意识）主义浪潮的蛊惑和诱导。于是，在迷茫与清醒之间，在守成与创新之间，在信奉与扭曲之间，在张狂与内敛之间，一批联体畸形儿/怪胎般的电影作品在这些年轻的“作家导演”的捏合下呱呱坠地了。

可以这样说，宣告“第六代”诞生的，是他们对精英文化/高雅文化的叛逆以及对边缘文化的依附，尽管这种依附显然附加了某种游戏化的成分。

诚然，在“第五代”完成一种新的电影语汇和美学原则的确立并树立了中国电影史上的一座丰碑之后，人们对“第六代”的期待有了一个更高的起点。但不得不说的是——从巨人止步的地方重新启程的“第六代”，尽管捧回了德国柏林、法国南特、瑞士洛迦诺、英国爱丁堡、荷兰鹿特丹等国际电影节上的无数个奖项，然而他们的作品，实在与绝大部分中国观众的想象和预期相去甚远——挑战、突破并超越前“五代”的迫切愿望，使“第六代”们对一种迥异于前人的“新风格”显示出旺盛的热情：自传式的题材，幻梦般的光影，情绪化的“另类”人物，拼盘式的影像语言，MTV式的镜头快速切割，轰鸣不止的摇滚乐……这一切，的确折射出这一代电影人极为强烈的身份认同愿望，也折射出与其成长背景密切相关的失落、焦灼、躁动和茫然等生存体验；可是，在这稀释沉重、躲避崇高的价值立场和近乎喃喃自语的自我抚慰中，我们看到更多的却是——母题的单调（“成长”“寻找”）、影像语言的贫乏、美学原则的紊乱、创作者心态的焦躁。当“第六代”带给中国电影的“冲击波”和对观众期待视野的“颠覆力”丧失最初的新鲜感和陌生感之后，我们不无遗憾地看到：随着时光的推演，他们营造的影像世界所提供给我们的，无非是一份份色厉内荏的宣言和一幕幕形式偏执的“实验剧”；在缺乏底气的空洞呐喊过后，注定会遭遇无人认同的危机、少人问津的尴尬和不忍卒睹的票房。

很难想象，在耽于青春浮华、过度沉湎于个体生存焦虑的精神品格导引下，“第六代”几时才能走向真正的成长和成熟。中国加入WTO，全球化境遇中“本土”文化市场遭遇的强悍冲击已初现端倪，在这样不无紧迫的历史关头，孱弱的“第六代”——又将如何从张艺谋、陈凯歌们手中接过中国电影这一面曾激荡人心的大旗?

对历史的遗忘与背弃

在“第六代”那里，历史显然是一个布满尘垢、可有可无的“包袱”。

遗迹无非是唤起从前记忆的标识，所谓“历史”也只是印证过往岁月的磐石。如今街头流行的是麦当劳和阿迪达斯，一切既是简单的也是快乐的，一切既是瞬间的也是现实的。他们习惯于引导观众进入感官的迷宫，接下来用一种呓语般的诡异来嘲弄正统的教化，以摆脱历史的重荷。《冬春的日子》（王小帅）中那一对画家夫妇恍惚的精神状态，《北京杂种》（张元）里摇滚艺术家无序、混乱、动荡的生存景象，《十七岁的单车》（王小帅）里周迅扮演的小保姆红琴一言不发的神经质举动，《周末情人》（娄烨）中女主人公长篇大论式的独白、拉拉与阿西为争夺“周末情人”的乱砍乱杀……这些支离破碎的人物和情节，成了一个又一个突兀的“符号”，没有来龙去脉的交代，没有必不可少的铺垫；历史的痕迹被轻而易举地一笔勾销，我们看到的——只是对孤零零的“现实”的肢解，还有对所谓“技巧”不无幼稚的炫耀。

通过这种宣泄，“第六代”们似乎能够获得空前的快感，从而将自身沉迷在自恋的精神游戏和虚幻的感官滑翔当中。然而，无需掩饰的是：他们中的大多数所选择的这种以轻视历史、回避历史甚至拒绝历史为出发点的“创作”，以及那些与历史语境完全脱节的影像作品，其现实意义、艺术价值和文化品格都是十分值得怀疑的。

代际的划分，本身就是历史书写的一页注脚。作为历史长河中一个纤细的支流，“第六代”同样无法摆脱历史传统的裹挟以及外部“异己力量”的渗透。众所周知，90年代以来，商品经济驱动下的一个明显的事实是：文化成为付诸游戏手段以牟取暴利的一种方式（或者介质），价值理性、历史、崇高、深度这些语词成为了工具理性、票房决定论大行其道背景之下的牺牲品。因此，在包括影视、戏剧在内的泛文学领域内，对终极意义、绝对价值和生命本质的孜孜以求已成明日黄花，艺术家们热衷于以王朔式的调侃来预示着文化英雄主义时代的终结——我们尚且无法判定：这到底是一种绝望的反抗，还是自发的逢迎？在这样的历史前提下，“第六代”集体表现出了对崇高意识、悲剧意识、使命感和责任感的怀疑和疏离。深度、焦虑、恐惧、永恒的感情……这些曾引以为神圣的因素近乎消失殆尽，世俗欲念和文化游戏成就了他们全部的梦想。然而，背负着几千年的传统文化积淀，他们的“挣扎”显得如此局促：一面是自我天空下的梦幻独白，而另一面，又与“肮脏”大地上的生长物完成了一次又一次的苟合。

说到底，“第六代”是一个出自惯性的称谓；处于论述的需要，命名者急于将这一辈人与他们的前辈区分开来。至于这种命名的合理性依据，他们也并不能够提供多少令人信服的理由；因为在我们看来，这一辈人的文化秉性，远不如他们的成长历史背景来得醒目和独特。我们所说的“第六代”，同样遭遇了世纪末期中国文化界共同的处境：在汹涌而至的外来文化冲击（启示）下，盲目而又唐突地致力于完成自我转型，兴奋难抑地在西方现代、后现代文化帝国拉开的锁链下来看待世界。符号学、结构主义、解构主义、新历史主义、后殖民主义的强大攻势，托起的必然是“第六代”影视剧作对外来文化难免有些蹩脚的描红。同时，标新立异的迫切冲动，也让他们在把目光投向遥远彼岸的土地之时，不由自主地背弃了此岸河畔上的景象和气息。对于这样的处境，他们自身多少也感觉无奈。带着些许翻来覆去的失落，“第六代”手中的摄影机定格的，便成了一幅幅没有方向的地图册，成了一个个模糊民族特征、意蕴空洞的文化“标本”。

在我们眼中，遗忘或背弃了历史的“第六代”，更像是舞台上四肢健全却失去了行走能力的表演者。载动他们前行的历史“轮椅”，既赋予了他们“剑走偏锋”的艺术可能，也让他们面临着无处发力、无从选择的窘迫和危机。其结症或许在于：本身也置身于历史之流的“第六代”，已经可悲地放弃了在传统（历史）与现代之间构架桥梁的愿望。然而，孤立存在的传统会僵化，而孤立存在的现代更容易挥发。

阴冷的“青春”

青春，是每个人都无法忘却的成长印痕，是被文化塑造和许诺的一个罗兰·巴特意义上的神话，同时也是孕育梦想和制造迷幻的一柄双刃剑。在流浪与寻找之间呼喊的“第六代”，同样在他们的青春镜语里烙下了冷酷、宿命、刻薄、悲观的沉重印记。在很大程度上，也正是这种对“青春”透着刺骨阴冷的理解，造就了他们与市场、大众情感取向格格不入的“硬伤”，成为了延缓自身成长的一个巨大障碍。自闭、自怜、自恋、自慰的“第六代”就像迷途的羔羊，淹没在感性的青春森林中，已看不清未来的方向。

“第六代”的创作题材大致不外乎以下几个方面：首先，是对于社会边缘人生活的关注与记录：丧失语言能力的智障儿童（张元《妈妈》）、沉溺于幻觉的精神病人（何建军《悬恋》）、因吸毒产生幻觉的演员（张扬《昨天》）、想要创造轰动效应未果的行为艺术家（王小帅《极度寒冷》）、进城打工的外来客（贾樟柯《小山回家》、王小帅《十七岁的单车》），还有屡见不鲜的对于摇滚歌手以及摇滚文化的描绘（张元《北京杂种》）。其次，是对于记忆（体验）中城市（城镇）形象的影像再现：张元《北京杂种》、管虎《头发乱了》中的北京，娄烨《苏州河》《周末情人》中的上海，章明《巫山云雨》中的三峡一隅。这些影片中，无一例外地镌刻着他们心中无以言表的感伤，以及对生存环境的质疑和挣扎。再者，则是对淹没在成长脚印中不可重复的童年的追忆：复原有关“文革”的童年记忆的《阳光灿烂的日子》（姜文），描述隐秘、芜杂、剧烈的成长痛苦的《头发乱了》，还有试图对童年进行理性思索而终究陷入迷乱的《长大成人》（路学长）……在这些有着强烈青春情结的影片中，年轻人成长道路上凌乱不堪的脚步、空洞的悲伤和迷惘，组合而成银幕上扑朔迷离、令人目不暇接的光斑。

题材的选择，当然是创作者充分的自由。我们并不否认，以个性化的视角和方式，寻找着观察和思考现实人生的新的可能性，进而影响人们对世界的理解——这是“第六代”的价值所在。但问题在于：这大部分“第六代”影片中，主观的“真实”被无限加强，现实内核则被抽取一空——由于对“青春”理解的偏颇，由于生命体验的严重素养贫血，无论他们怎样声嘶力竭地呐喊，无论他们如何在形式翻新上使出浑身解数，他们都无法突破自我限定的精神局限，更无法引起广泛意义上的共鸣。王小帅的《梦幻田园》，那个看上去颇具戏剧性的故事只是徒有躯壳，他更大的热情依然放在了对“个体生存状态”一贯的关注上。娄烨的《周末情人》，意图冲破旧有的形式束缚，通过对比，来衬托自己梦想中的“自由彼岸”；但长发飘飘的摇滚歌手，又何尝载得动如此沉重的价值负荷？对青春的感伤与怀恋，也沦落为毫无头绪的情感碎片。阿年的《呼我》，虽然较为冷静地展示了都市底层“边缘人”的生活状态，揭示了现代社会中人与人无法沟通的困境，但影像语言的表达仍然止于极端个人化的感受和体验，遗憾地成为了“寻求与观众沟通的可能性”突围的又一次败笔。

走出前五代导演“文化经典”的阴影，在“第六代”电影人这里，一种新的时空感和美学观念打破了表达的局限；于是，一时间，“第六代”们以一种自恋式的、异常冷静（近于冷酷）的影像风格，向世人袒露着他们这一代人漫无边际的青春苦痛。毋庸讳言，这种高度自我化的对青春体验的还原，在成就作品鲜明个性化风格的同时，在更大程度上构成了对人类普遍情感的背离。这样一来，尽管“第六代”们的个人价值立场和表达方式不尽相同，但他们创作的大多数影片的“致命伤”在于：并没有在展现创痛的同时“引起疗救的注意”，也无从在困顿的青春自怜中脱身而出，从更辽阔的视野中汲取精神生长的力量。例如何建军导演的黑白影片《悬恋》，试图付诸精巧的叙事结构和极为逼真的日常生活再现，以细致入微地勾勒边缘人物（精神病患者）的心理状态和生活状态；可是，伴随着镜头呈现的莫名其妙的梦境和令人战栗的冷酷体验，在呓语般恍惚迷离的影像中，作者所提供的仅仅是对自身“脆弱、敏感、免疫力缺失”毫无顾忌的抚摸——除了冷漠，还是冷漠；除了隔膜，还是隔膜。在这样的“先锋电影”中，我们唯一看到的，是创作者对“沟通”的不屑一顾与对观众的漠视甚至鄙夷。

受制于这种无处不在的青春自恋情结，我们看到，较多的“第六代”创作者关注和讲述的只是“自己身边”的人物和故事。王小帅就曾这样表述，

“拍电影就像写我们自己的日记”。他们的平民化倾向和纪实化风格明显流于偏激，而这种做法的潜在后果是：诱使人们仅仅关注“自己身边”的人和事，从而悠闲地闭上心灵的眼睛，放弃了洞见更深远的人类生存景观的努力。也许，我们没有必要去迎合老祖宗的“清规戒律”，也没有义务不厌其烦地传诵所谓的“民族寓言”；但扎根于文化本土和当下现实的“第六代”电影人，却亟需摆脱青春期的浮浅、躁动与自恋，有必要在作为“时代镜像”的电影文本中还原一个血肉丰满、由各种情感和各类人生熔铸而成的时代中国。

彷徨于无地

与前辈们相比，“第六代”也许是生不逢时的。自他们诞生之日起，就注定直面“彼岸之狼”的强悍入侵，从而在本就萎靡不振的中国电影市场中踉跄不堪、彷徨于无地。在境外影片给观众带来空前的“视听奇观”，迅速成为与国产电影争夺市场份额的一个强大对手的时候，面临好莱坞大片喧宾夺主、咄咄逼人的浩大声势，我们不得不承认：“第六代”导演的影片票房实在是“惨不忍睹”。而对比其他国产影片的市场行情来看，更让我们瞠目的是：在40~50%的这一可怜的国产影片份额中，“第六代”影片居然只能分得10%多一点的“一杯羹”。在电影市场上的全面败退，已使“第六代”濒临着无路可退的绝境。

不可否认，在“行走的一代”——“第六代”导演身上，我们看到了直面现实的惨淡、逼近生活本质的勇气。然而，与同样以记录方式关注现实、同样来自“第三世界”却屡创票房佳绩的伊朗导演阿巴斯相比，“第六代”的许多作品还缺乏真正的记录精神，他们过于迷恋于个人体验的表达，他们的“记录”没有建立在对平民大众真诚、平等的尊重和倾听之上，也缺少对生活本质的敏锐、勇敢、不屈不挠的质疑、拷问与思索。正是基于这一些，“第六代”试图从市场突围之时，不得不被冷清的剧场和漠然的观众一次又一次无情地拒绝。

以内蒙古电影制片厂名义出品的《头发乱了》，公认为被官方认可的第一部“第六代”电影。从市场的角度来分析，应该说《头发乱了》有它自身的“卖点”：对“文革”浩劫的描述，一个女人和两个男人的标准情爱纠葛，中国人对转型期现实的困惑……这一切原本都是支撑票房的催化剂和强心针；遗憾的是，影片仍旧深深烙下了“第六代”们共同的精神标记——极富叛逆精神的摇滚乐成为了影片的形象“商标”，镶嵌了1 000多个镜头的MTV式的“摇滚电影语言”完全超出了观众视觉和心理上的承受极限，尤其致命的缺陷还在于：管虎对情绪表达的刻意追求，使影片情节埋没在漫无目的的私人化体验当中。这样一来，人物的喜怒哀乐失却了坚实的生活依托，自然也难以激发人们的情感共鸣，票房的颓势便不可扭转了。“第六代”接下来的几部影片，如娄烨的《周末情人》、李欣的《谈情说爱》、阿年的《城市爱情》等，在不知疲倦地向观众展示“先锋”“前卫”的同时，同样在国内电影市场上如泥牛入海、了无波澜。

如果说，20世纪90年代中期的“第六代”缘于初生牛犊的锐气和急于反抗传统、谋求突破的浮躁心态，对“艺术性”的追求在很大程度上构成了对市场票房的忽略的话，那么，90年代末的一些影片依然少人问津，则可以归咎于创作者叙事能力的匮乏和对电影产业化规律的错位认识。一如章明的《巫山云雨》，具有先锋意义的三段体叙事、非逻辑的情节组接、现实场景与魔幻色彩的任意交织；在“纪实”表象（呆板的画面和木讷的表演）的遮掩下，它轻而易举地颠覆了传统的电影叙事模式，转而呈现出一种神秘主义气息和元叙事、元话语的解构形式——不难想象，面对这种类型的电影，普通观众自然是一头雾水、不知所云。诚然，我们应该以一种艺术的宽容精神来看待文化转型期纷繁复杂、旋生旋灭的影视现实；但谁也无法否认的是，“商业”这柄利剑一开始就高悬于“第六代”的头顶之上，每一次刻意的逃避，都将在他们躯体上留下自绝于观众与市场的“异教徒”似的醒目伤疤。

让我们多少感觉一些欣慰的是：在苍茫的跨世纪行旅中，“第六代”自我身份认同的强烈愿望已经相对淡漠，他们的先锋姿态终于有了大幅度的收敛。终于，他们有了获得中国本土观众、社会规范和中国市场认可的希图。近年来一批“第六代”导演市场化策略相对成功的运作，预示了这一群体某种程度上的转型——有必要澄清的是，“市场化”的转型在这里只是一个躯壳，更重要的是与“市场化”要求并行不悖的一系列深层的电影艺术观念变革和形式创新。路学长的《长大成人》，没有让成长的过程湮没于对成长体验的个体化感受，以其真诚、可信和真实赢得了观众的认可，从而竖立起了“第六代”历史上的票房丰碑，甚至被圈内人士认为是第六代导演向第五代导演发起的“最有威胁的一次挑战”。

一个潜在的趋势是，对于曾经陷入自恋泥淖不可自拔的“第六代”来说，市场运作和票房业绩也开始成为检验影片质量的至上标准，成为了将导演手中的原始股激活为绩优股的“灵丹妙药”。管虎在拍摄《浪漫街头》时，曾有过这样的自我反省：“刚毕业的那几年，觉得好东西是阳春白雪、少数人喜欢的东西，比较个性化的。现在全变了，应该是大多数人喜欢的东西才称得上是好东西。”在我们看来，这种自省无非是对一个最基本的事实的体认，那就是——电影，不仅仅是拍给自己看的，更不是仅仅拍给国际电影节评委看的；它最终的接受者是观众，也只能是观众。近年来，面向观众的转型在“第六代”导演那里开始成为具有普遍意义的现象，张元的《回家过年》《我爱你》《绿茶》，张扬的《爱情麻辣烫》《洗澡》《昨天》，路学长的《卡拉是条狗》等也堪称较为成功的“市场化”转型个案。当然，对于在歧途上走得太远的“第六代”来说，换取这种必要的成熟（也可以说是“世故”），其付出的代价也不可不谓惨重。自我蜕变毋庸置疑是艰难的，“第六代”依然任重而道远。

在寻找中站立

当我们指尖轻敲键盘写下对“第六代”不恭敬的责难时，当我们对“第六代”“如今事事已惯，此心到处悠然”的故作洒脱嗤之以鼻时，其实在我们内心深处，更多的是用手指轻轻划下一道弧线，默默许诺——给“第六代”一个希冀，许“第六代”和中国电影一个未来。

作为一个处于“正在进行时”的群体，“第六代”的首务，便是不再持守视市场、大众为假想敌的创作立场。唯其如此，才能救赎自身，也才能救赎困顿中的中国电影。对“第六代”来说，激情与锐思是可贵的，也是不可或缺的；然而，无论是在形式上还是思想质地上，他们同样需要对浮华青春背后的盲目、躁动和迷失保持足够的警惕——以对生活厚重的理解和更敏锐的视角，来填充所谓“极致状态下的人道主义”的意义真空；以沉稳不迫的长镜头，取代应接不暇的摇摆晃动；以平实然而精到的固定机位的推、拉、摇、移，取代光怪陆离的影像拼贴；以“和平静默”“天人合一”的中国传统哲学、美学之境，来回应不可逆转的现代性逻辑和时间观念所带来的困惑……“兼容”，在这里是一种策略，更是一份气度。中国电影的行进，固然少不了对西方先进电影理念、电影技巧的“移植”，但对中国文化传统、美学传统（包括20世纪上半叶奠定的中国电影美学传统）的继承更不能偏废。在这个“越来越难以判定是安东尼奥尼的电影还是成龙的《红番区》更接近电影的本质”的时代，在即使是阿伦·雷乃的《广岛之恋》这样的经典在中国也未必有多少观众的疑惑中，面向传统纵深的开拓，也许是一个值得尝试的方向。

张元曾经说道：“我们这一代不应该是垮掉的一代，这一代应该在寻找中站立起来，真正完善自己。”“站立”与自我“完善”，的确要在“寻找”中完成。用最老套的方式来表达我们对于“这一代”的希冀，便是在他们手中，在某一个并不遥远的将来，会看到将市场的躯壳、艺术的骨肉、先锋的外表和厚实的内核相融合的作品——属于这个独一无二的时代，也属于他们这独一无二的一代人的作品。

写到这里，贾樟柯《站台》中的一个细节，唐突地占据了我的思维空间。崔明亮和他的朋友们远远看到了奔驰而至的火车，于是高声欢呼着激动万分地向列车跑去。然而，当他们终于站立到铁轨上时，列车只留给了他们一个苍凉的匆匆远去的背影。挣扎在历史漩流中的“第六代”，不应该仅仅成为一个被时代列车转瞬间抛弃的“站台”，他们有理由让自己的思索和创造热情更有力、更持久，也有理由让自己坚韧的理想向更广袤的时空延伸。我们期盼着经历了阵痛的“第六代”，也期盼着风雨兼程的中国电影，在黑夜与光明的交媾部不顾撕裂苦痛地忘情奔跑，并在时代的推进中疾驰而去。

“谍战”与谍战剧漫话

间谍及其诡秘的用间实践，长期以来是人们津津乐道的话题。以“007”系列为代表的影视作品，和难以计数腾挪在真实和虚构之间的“传记”或小说，将间谍这一风险成本颇高的特殊职业纳入了传奇化的想象模式——所谓“间谍”，无论是非曲直，也不管正邪善恶，一概是智勇双全、不惧龙潭虎穴的孤胆英雄；既是豪杰侠客，少不了铁骨铮铮，还常常伴有几分缠绵悱恻、几许令人击节或扼腕的柔肠。

对间谍的固化想象，满足了读者和观众猎奇的心态，很大程度上，也构成了对故事讲述者创作行为的规约。即便如此，在从事这一特殊题材的创作之时，剧作者不仅要迎合观众先入为主的期待，也应当在对情报史、间谍史及人类用间实践史进行纵深考察的基础上，建构起对间谍这一特种行业合乎历史与逻辑的认知。跨越这一道“门槛”，创作者便能更清晰地感知到真实和虚构的边界，从而展开合理有效的艺术想象。

近年来在中国荧屏上异彩纷呈的谍战剧，按历史时段划分，主要分为三大类：抗日战争或解放战争时期的谍战片，如《暗算》《潜伏》《黎明之前》《风语》；新中国成立初期的反特片，如《誓言无声》《誓言永恒》《国家机密》；当代谍战片，如《密战》《落地请开手机》《天敌》。上述谍战剧作，展开的便是不同时代背景下“用间”与“反间”的隐蔽战争。

“用间”这一行为具体始于何时，已经难以查究。但作为国家之间、民族之间、利益集团之间的一种常见的斗争方式，间谍活动千百年来屡见不鲜，只是相较于其他斗争形态，它以隐蔽的方式进行。获取情报是间谍活动不变的目的——这在不同类型的谍战片和谍战剧里得到了充分的演绎——“007”里各个版本的邦德如此，《暗算》里的安在天、《潜伏》里的余则成、《风语》里的陈家鹄同样如此。从情报学角度来看，情报获取途径则无外乎人力与技术两种。近代电报、电话、无线电技术和互联网传输技术出现以前，人力谍报几乎是唯一的情报窃取方式；伴随技术的发展，间谍活动由早期依赖间谍个体能力（包括勇气、技能和谋略）渐渐向集团化、系统化、专业化和高科技化的方向转变，情报组织机构日趋精密和完善，情报刺探的范围也不断扩大（政治、军事、经济、资源、外交、科技、文化等领域无不涉及），几乎涵盖了现代社会举凡存在利益博弈的方方面面。

技术与人力，如何取舍？情报侦察技术跨入黄金时代后，这成了一个悬而未决的问题。令人眼花缭乱的高新技术手段，建构起了精密、多维、全时段的情报侦查平台。无所不能的技术，成为了真正的“全能战士”，而且技术和机器不像有着七情六欲的人（即便是邦德），不存在由于情感、心理、意志力等种种原因导致执行不力或投敌的风险。所以，冷战结束以来，高度倚赖技术手段成为了各国情报机构的首要选择。

值得一提的是，在情报领域，技术并不能彻底取代人力，技术发展也不足以完全挤兑人力情报的生存空间。一方面，归根结底，人是支配技术、工具的决定性因素；另一方面，在技术和工具无能为力的领域，人力往往才是最值得信赖的“工具”。《孙子兵法·用间篇》云：“先知者，不可取于鬼神，不可象于事，不可验于度，必取于人，知敌之情者也。”孙武在这里点明了一个颠扑不破的道理——欲求“先知”，最可靠的方式是求诸知晓敌情的人，而不是借助其他的辅助手段。正是在这个意义上，现代以来种类纷繁的用间实践，尽管有不断升级的技术作为保障，但其核心目标之一依然是“人”，是对“人”软硬兼施、形形色色的“策反”——在这里，“人”既是用间的目的，也是用间的途径和决定性手段。

对情报战中技术与人力的关系的理解，是谍战剧无法回避的一个重要范畴。这一现象，在当代题材的谍战剧中尤其突出。以运用了大量高科技元素的《密战》为例，安装在高端服务器里的微型信号发射装置、监控系统光缆里潜藏的芯片、带有病毒的彩信，还有窃听、监视、数据传输、网络攻击等形形色色的窃密手段……技术拉开一张无形而巨大的网，呈现着不无惊悚的现代情报战奇观。技术固然有着震慑性的力量，但觊觎国家机密的间谍集团之所以屡屡得手，最终倚仗的“法宝”还是一个又一个有“空子”可钻的人。人——秘密的知情人，是敌人阴谋得逞的关键，也是“我方”行使所谓正义职责的突破口。

事实上，对人和人力的重视，与剧情编织的需要是同气相求的。塑造人，刻画人，呈现人，发掘人，探索人，是叙事艺术最为核心的动机，对影视剧来说尤其如此。包括谍战剧在内的不同剧作类型，尽管在叙事方法和情节构造上遵循不同的范式，但在塑造人物的功能上并没有本质分歧；只不过不同的剧作类型，对人不同质素的呈现略有差异而已。比方说，情感婚恋剧注重的是人的日常感情质素，而谍战剧则往往要强化人的智慧质素。当然，这种区分也是相对而言的。

通常来说，谍战剧对情节浓度有着比较高的要求。为了追求情节上的离奇和精巧，谍战剧往往会呈现出情节湮没人物的征候。也就是说，在故事的讲述中，是情节带动人物，而不是人物推动剧情；在这里，人成了支撑故事的点缀，而不是主导故事的主角。于是，很多谍战剧、谍战片留给我们的首要印象，是跟踪、抓捕、悬疑、博弈、高科技和恨不得让人喘不过气来的紧张氛围，而掩藏在繁复事件背后的人变得不可见，人由里及外的鲜活面孔更是模糊不清。如何处理情节和人物这一对关系，如何让情节保持紧凑、高强度但不至于僭越人物形象的独特魅力，是谍战剧品质凸显的保障。也正是在这个意义上，《暗算》《潜伏》这些剧作之所以留给人们深刻的印象，不仅因为扑朔迷离的谍战情节，更因为在荧屏上创造或者说发现了一个又一个独具特色的人。

谍战剧中的人物与情节要实现相得益彰，一个行之有效的方法，便是让所有的情节链条为核心主人公的形象塑造服务。通过剧作结构和情节的设定，产生不断增强的压力，将主人公逼向越来越危险的二难之境，迫使他们作出艰难而冒险的抉择。进而言之，对于人物在剧情中的功能，罗伯特·麦基在编剧经典著作《故事——材质、结构、风格和银幕剧作的原理》一书里提出了“经典设计”的构想——整个故事围绕一个“主动主人公”完成主干情节的推演，“这个主人公为了追求自己的欲望，经过一段连续的时间，在一个连贯而具有因果关联的虚构现实中，与主要来自外界的对抗力量进行抗争，直到以一个绝对而不可逆转的变化而结束的闭合式结局”。在这个“闭合式”的故事内部，剧作不仅旨在呈现“连贯而具有因果关联”的情节链条，更深层的目的在于，讲述了主人公为了完成自己的“欲望”，与外部力量进行对抗的全部行为动作和情感心理轨迹。这样一来，剧作便不仅通过人物推演了情节，还在故事的推进中实现了讲述人和塑造人的目的。我们若拿上述几部口碑上佳的谍战剧细加分析，会发现其故事结构、剧情走向与人物功能同麦基的论述有颇多契合之处。

中国式的谍战剧还有一个显著特征，便是在高强度的情节之中“植入”大量家庭伦理、婚恋感情的元素。像《潜伏》《密战》《风语》，都有大量游离在故事主线之外的情感和家庭戏份。这一方面出于让人物形象更为丰满立体的需要，另一方面，也受到了家族本位、重视纲常礼教的中国传统文化及其衍生而来的观众审美趣味的逆向影响。所以，荧屏上的“谍战”风景，常常也牵连着凡俗百姓的人生况味；而剧中人在日常生活情境中的喜怒哀乐、离合悲欢，比那些离奇的桥段、精妙的推理、超凡的身手、炫目的特技，似乎更能唤起中国观众感同身受的心灵共鸣。

有必要提及的是，出于戏剧化的需要，谍战剧和谍战片往往会把情报工作者的作用进行艺术化的夸饰。根据麦家解密系列小说改编的电视剧，如《暗算》里的瞎子阿炳、破译天才黄依依，《风语》中的数学家陈家鹄，这些主人公不仅个个身怀绝技，而且恨不能凭一己之力扭转历史进程。然而，在人类社会发展史上，间谍和情报工作者的作用和影响果真有这么大吗？法国情报史专家阿莱姆，系统地考察过人类情报史之后总结道：一场战争的胜负，最终依赖的是经济、军事、政治、社会、文化多方面的合力，“历史由巨大的力量锻造而成，间谍不过是这种力量分泌出的一点泡沫而已”。这一观点是否立得住脚，还需放在不同的历史及文化环境中加以阐析。但可以肯定的是，间谍并非我们所想象的一味光鲜、神秘、出手不凡，而且周身被神圣的使命感所围裹；大多数时候，他们是乏力而无助的，他们有比常人更多的犹疑和困惑，甚至，他们当中更多的是庸碌之辈和失败者，被掩埋在无名的历史沙丘之下。

《潜伏》原著作者龙一和导演姜伟合作的新剧《借枪》，讲述的便是一个落魄特工的平民生活。剧情徐徐铺开，内里渗着几分戏谑和自嘲，也透着几分无奈和心酸。在时下的谍战剧中，《借枪》应该说是比较接近特工真实生活状态的；饶有趣味的是，《借枪》一经问世，却被媒体不约而同冠上了“另类谍战剧”的称谓。此“另类”，指的是谍战剧中对间谍和特工的“另类”塑造，至于与真实有怎样的契合度，便是无足轻重了。话又说回来，剧就是剧，正说歪说反说戏说，到底都只是一个故事，一个仅供消费、消闲和消遣的故事。如是而已。

时髦的舌头

- 也谈文怀沙的倒掉
- 超级女声：娱乐物种的欲望图腾
- 孔子还是章子，是一个问题
- 博士上书与王菲待产
- 时尚的秘笈
- 烟花不会谢

也谈文怀沙的倒掉

大师文怀沙的“倒掉”，速度之迅猛，足令人惊诧。哪里谈得上是什么论战，光看各大网站醉心鼓捣的“民调”数据就知道，完完全全是一场充溢着杀戮之气的讨伐。一边，是理直气壮、铺天盖地的征讨；另一边，文怀沙弟子给师傅提供的“辩护”疲软无力，胡话连篇，倒像在挖自家阵营墙脚。目睹这场声势浩大的“倒文”运动，笔者不禁联想起当年鲁迅与徐志摩、李四光“混斗”时的一段撒气文字——“倘有戴着假面，以导师自居的，就得叫他除下来，否则，便将他撕下来，互相撕下来。撕得鲜血淋漓，臭架子打得粉碎，然后可以谈后话。”（《华盖集续篇·我还不能“带住”》）现今，该是就“倒文运动”谈“后话”的时候了。

从互联网普及开始，它的一个伟大功绩在于，信息传播的高效率被发挥到极致。依托于网络的话语空间里，吸引眼球的“发现”和“结论”主宰一切；在海量信息的轮番轰炸下，人们消费观点，消费奇闻，消费一起又一起煞有介事的“事件”，已经少有求证的工夫和耐心。这样一来，当这些“事件”每每被冠以各种耸人听闻的名目（如“国学大师原是老淫棍”“美学教授的‘屁眼门’”之类）登场时，一些本来存在探讨空间的话题便迅速被铺天盖地的网民“跟进”。而一旦“不沉默的大多数”产生情绪上的共鸣，某种倾向性的论断就很容易达成。这些论断，哪怕事后看来流于武断和偏狭，也会由于传播效果的深入人心而变得牢不可摧。就文怀沙事件本身而言，“大师”声名狼藉的残局已然无可挽回——某报文章曾打出标题曰“宜将剩勇追穷寇”——而且从目前的舆论态势看，几乎没有“平反”的可能。可以预见，在相当长的时间内，被撕掉假面的文大师将和“艳照门”“屁眼门”的主人公一道，沦为真假道学家们所不齿的笑柄。

这桩了而未结的公案，本不应是这样一边倒的局势。文怀沙其人其行，或许没有不堪到人们想象的程度。这样的情形显然归功于网络民意的导引。可以肯定，许多人通过网络对事件表态之前断然不识文怀沙为何方神圣。那么，他们愤怒的根由，又是否完全立得住脚呢？有必要申明的是，笔者并没有在这里为文怀沙辩护的意思，只是就事论事，谈谈一些不应就此“带住”的问题。

李辉在发难的文章中历数了文怀沙的三大罪状，此处一一道来。其一，文怀沙年龄几何？李辉断定文怀沙出生于1921年前后，主要证据来自人民文学出版社以及国家话剧院的存档纪录。李辉认为：文怀沙改年龄的做法，是为了倚老卖老，给自己增添光环，否则“章太炎弟子”一说和许多头衔都无法成立。客观地讲，依据单位花名册上的记载料定当事人篡改了出生年龄，个中逻辑不免有些牵强。长期从事“20世纪文化人生活”课题研究的学者陈明远援引了钱锺书、吴祖光、卞之琳、艾青、林北丽等人及其家属的说法，通过考证分析，认为文怀沙自称生于1910年并没有造假（参见《南方人物周刊》2009年3月刊）。此外，文怀沙之子关于其父为了和对象更加“般配”将自己年龄有意改小的说法（文怀沙妻子出生于1921年），放在当时的社会风气下来理解，基本上能说得过去。

其二，文怀沙因何入狱？李辉的说法是：“自50年代起冒充文化部顾问，称与周恩来、陈毅很熟，与毛主席谈过话，以此猥亵、奸污妇女十余人。”后长期在天津茶淀农场劳教，直至1980年4月解除劳教。此说若成立，便与文怀沙自述的因做藏锋诗冒犯江青而获罪之说大相径庭。有意味的是，文怀沙在回应中单单略过了这一项质疑，是回避？是默许？还是无可奉告？文怀沙好色风流，众人皆知。开口闭口谈漂亮女人，是他一贯的德性，他也一直引此以为豪壮。文某人每每以高调的风流形象示人，我以为，也是一种刻意为之的处世策略。在中国的文化环境里，所谓“至情至性”的名士，常被形容为有超然放达的“魏晋风度”，不但少有人诟病，反而格外受人尊崇。自称独爱“苍生”与“美人”的文怀沙之所以暴得巨名，不单靠一顶“国学大师”的冠冕，其毫不掩饰的风流恐怕也赚回了不少印象分。成也风流，败也风流。对大多数看客来说，也正因为有了这样的印象，“奸污妇女十余人”的说法便显得顺理成章了。文人（尤其是有大才的文人）风流，自古以来被看作是天经地义。但对于一个冒充大师的骗子荒淫无耻的行径，孰可忍之？这么一来，网友们的出离愤怒便可以理解了。

事实上，很多历史细节我们迄今无法确知。即算李辉的说法属实，文怀沙获罪的具体案件又是哪一桩？“奸污”和“强奸”有什么区别？是道德问题还是法律问题？在当时，“诈骗、流氓罪”如何界定？即使不是反对江青这样高尚的罪名，文怀沙蒙受长达十数年的漫长牢狱之灾，是不是完全没有政治原因？……那个酷烈年代特殊的伦理价值观和社会境况，不得不让人有上述疑问。而在这些问题没有被拎清之前，盖棺定论似乎为时过早。从另一个角度来看，清算一个老人半个世纪以前的道德旧账，似乎有那么一些不近人情。他为此付出的代价不可谓不惨痛，过去有罪，也已经赎了。用何三畏先生的话来说：“被‘劳教’这种于宪法无据的刑法惩罚十多年，用今天的人文观点来看，是不是值得为这位老人当年的命运报以一声叹息呢？”

最后一个问题是，究竟是谁炮制了“大师”？在文怀沙顶着的“国学大师、红学家、书画家、金石家、中医学家、新中国楚辞研究第一人、学界著名的文化明星”一连串头衔里，“文化明星”一项凑合，其他恐怕都该划归“假冒伪劣”。一个学人在私生活上还可以玩一玩“躲躲猫”，追究起来终归困难，但学术经历和存世的著述是半点都含糊不得的。据文怀沙自我介绍，其代表作长的有大部头的《四部文明》，短的有所谓《文子三十三字箴言》。对此，许多学界中人已进行过品判，此处偶举两例。李辉写道：“学界知其底数的人则都明白，文的楚辞学问至多可抵一名中学教员。”曾炮轰于丹的徐晋如更是毫不客气地发问：“不要说传世著作，哪怕是具有最低限度的学术水平的著作、论文都没有！这样的人能够被称为‘国学大师’吗？难道就凭他活得长？就凭他飘胸的银髯？”话虽刻薄，但也多少代表了一些学人对文怀沙学术水平的态度。

令人迷惑的是，这样一个在学术上几无建树的人，凭什么就被活生生供上了“大师”的神龛？是的，凭什么呢？首先，我们来看一看文怀沙的为人。此公当然不是什么安分守己的主儿，慕虚荣，爱出风头，好逞能，说大话，迷恋有光环的生活。这些做派，和人们想象中一味端正严肃的大师形象实在有一些分歧。可这个没遮拦的“大师”也有另外的一面。文怀沙也并非全无自知之明的。据说，他曾多次当众称“我不是国学大师”——“这跟雀巢咖啡似的，虽然有名，但不一定是最好的咖啡。”回应书里“自揆平生碌碌，泰半荒度”的说法，不管是不是客套，多少能看出他并未消泯的几分敬畏心。可见“大师”的帽子并不是他自个儿封的。而在我看来，自立牌坊与安然受之二者毕竟有着不小的差异。

撇开当事人的道德瑕疵不表，成就“大师”盛名的，乃是这个文化商品年代价值迷乱的供求逻辑。跟风的媒体及其“标题党”、附庸风雅的地方官、劣质文化商品兜售商，还有黑压压一大群没有分辨能力的追星“粉丝”……说到底，他们才是幕后操手，是制造“大师”的同谋。“大师”的出现，一方面填充了新的文化偶像的缺位（中国人向来喜欢寻那挂着金字招牌的“导师”），为偶发思古之幽情的人们找到了精神寄托；另一方面，

“大师”的名号一旦成为“品牌”，便可纳入市场交易机制，在文化商人那里成为利润增值的筹码。据报道，文怀沙之子“待一切都明晰了”，打算状告李辉和《北京晚报》，索赔金额高达1个亿；对此，文怀沙那位不济的崔姓弟子提供的解释倒是相当坦诚，“李辉的质疑严重破坏了文老的国际声誉，严重影响到文老的经济利益，一直以来文老的书、字卖得挺好”。这番言说，岂非告示此地无银？如此而已。

近来，包括钱理群在内的一些知名学者陆续站出来，义正词严地指出文怀沙“并无突出学术成就”“称不上是国学大师”云云。此举是“反应过度”的表现，未免抬举这位“大师”了；须知，最高的轻蔑是连眼珠子也不用转过去的。文怀沙的影响从来无关学界。再说，对于书斋外的“江湖”，书生们几声不平之鸣又何用之有？只要上述供求链没有断裂，只要虚造的偶像依然能生成利益，能慰藉许多人的精神虚空，倒掉一个文怀沙，一个又一个朱怀沙、马怀沙还将站起来。这是确凿无疑的。

所谓“倒文运动”，最耐人寻味的是民众排山倒海般的道德义愤。几乎所有人都高举杀威棒，恨不得将一个年龄大于等于90的老人打倒在地，再踏上一只脚；所有人都欣喜地发现，自己居然也可以为诚信（年龄不造假、不假冒大师）和忠贞（不奸污多名妇女）代言，便有了十足的底气，厉声怒喝：“为老不尊的骗子，胡子蓄长些就可以蒙人了么？去，向人民交代你的罪行罢！”交代不交代，是当事人的自由，外人置喙从来是徒然。近些年，凡涉及敏感些的所谓“历史问题”，大师们比较一致的做法是：要么七拐八弯语焉不详，要么理直气壮拒绝回应；总之，淡的咸的挠痒的吊胃口的都“可以有”，至于真相这个玩艺嘛——那是“真没有”。问题是：不说就代表没有？当然不会。说了呢？莫非就句句坐实？当然更不是。文老先生长达200余字、巫山云雨般的亲笔回应便是明证。

话又说回来，上升为集群行为的道德讨伐多少有可疑的成分。从来没有什么凌驾于历史和时代之上的“永恒道德”。道德作为批判的武器，放在不同环境下是不太靠得住的。而且，诉诸良知的道德属于自律的范畴（而不是他律），更大意义上是一种自省的力量。所以，道德批判不应该成为一种“单边主义”行为，在以道德为旗一味谴责文怀沙们的同时，我们更有必要审视的，是自己的言行，以及内心。就像徐志摩回应鲁迅的怒骂时所说——“鬼是可怕的；他不仅附在你敌人的身上，那是你瞅得见的，他也附在你自己的身上，这你往往看不到。要打鬼的话，你就得连你自己身上的一起打了去，才是公平。”而鲁迅的伟大之处恰恰在于，他的“打鬼”，的确是连同自己、连同全部中国人的躯干和灵魂也一起打了去的。

超级女声：娱乐物种的欲望图腾

现今中国的马戏团，早不时兴玩正儿八经的杂技了，多以方言恶搞和艳女大跳肚皮舞居多。买了高价票，嗑着瓜子在马戏团里笑着蹦着看艳女和跳肚皮舞的人，总喜欢乜斜着眼对台上搔首弄姿的男女品头论足，兴奋时砸他几个臭钱上台去。更多吝啬的看客，则在台下窃窃私语，给“黄”口连篇的主持人和妖冶的舞女打分，谁扭得更欢，谁“搞”得更猛，谁笑得更浪之类。然而，马戏团里确乎也有“民意”的（实在没有理由剥夺他们的公民权）；只不过，和针对严肃性公共事务的“民意”相比，喜欢在看马戏时表达“民意”的这不小的一撮，忘情享受肚皮舞的同时，通常是用肚脐眼而不是大脑在投票。所以说，问题不在于他们是不是表达了“民意”，而在于他们代表了怎样的“民意”。更要命的是，从2005年超女总决赛令人胆寒的短信投票数来看，这些“民意”的代表者居然有真真正正代表广大人民根本意愿的势头——如果Nielsen公布的资料属实，有四亿人观看了2005年超女总决赛的话，这个结论难道还有什么值得质疑的吗？那么，这个“恐怖”的调查数据，代表的又是怎样的“民意”呢？

电视保持一成不变的谄媚于民的笑脸，并非电视本身的过错。问题并不在于电视作为一种产业所提供的具有娱乐性的内容（这当然无可厚非），而在于崇尚“电视拜物教”的人们对电视所展示的一切从内容到形式上的深信不疑。娱乐是所有电视话语的超意识形态，无论是《超级女声》《梦想中国》还是《新闻调查》《百家讲坛》，电视上几乎一切都是为了给人们制造娱乐，不会有对娱乐坚决说“NO”的节目，只存在娱乐成分多或少、反思成分有或无的区别。20世纪末以来，电视成为了新认识论的中枢，俨然赢得了“元媒介”的地位：任何一个公众感兴趣的话题都能在电视里找到位置，而电视反过来又以倾销文化商品（节目）的方式影响着人们对一切社会公共问题的看法。

这样一来，当电视被“想唱就唱”一类娱乐至死方休的滥情语调所充斥，而善良的人们又不假思索地全盘接纳之时，不难想象：整个社会的文化，正不可逆转地变成娱乐工业的大戏台——没有人下班回家后愿意去触碰墙角沾满灰尘的书籍，他们只关心今晚开播那一档情感剧；蹩脚的综艺节目主持人，成为张扬跋扈的权贵阶层；政治家想的不是如何改善低层民众的福利，而是怎样在电视镜头前滔滔不绝；为了广告商和电视制片人所宣传的滑稽的带有欺骗性的“梦想”（“就算没人有为我鼓掌，至少我还能够勇敢地自我欣赏”；“就算这舞台多空旷，总有一天能看到挥舞的荧光棒”），幼稚的孩子丢掉学业，哭天抢地，要成为下一个登上《时代周刊》的春春……人毫无声息地蜕化成娱乐至死的物种，娱乐成为欲望的全部，电视所呈现的“快乐”假象（包括电视本身）成为名副其实的时代精神图腾——请问，这是不是我们期望看到的事实？一个时代有一个时代之特有精神，上文提及的那个骇人不浅的调查结果提醒我们：对于上述问题，有很多人的答案一定是肯定的。倘若果真如此，则要归功于“娱乐时代”之“娱乐精神”的骄人伟绩了。

这个时代，当然，没有什么能够阻挡对娱乐和利益的向往。任何天真的忧虑和乏味的劝诫，都不可能比电视台广告部新鲜出炉的收视率调查表更有说服力。面对电视文化，作为一个在投诚和拒绝之间无从取舍的彷徨者，我唯一想说的是：那些不至于将电视和生活、将谎言和梦想完全混淆的年轻人（尤其是大学课堂里的本科生和研究生），请保持一些最起码的文化分辨力和思考力；不是不能有“偶像”，而是不应该让“偶像”成为那根控制你全部行动和思维的虚假“荧光棒”；不是要拒绝电视，而是应当学会把电视人、赞助厂商合谋炮制的“超女”和《新闻调查》出镜记者柴静区分开来，应当不断提醒自己：除了那一扇光滑平坦、经常“嗞嗞”作响的电视荧屏，还有更多更好的途径去理解世界和人生。

2006年超女主题歌是这么唱的，“快乐是我的能量 / 点亮自己的光芒 / 想唱就唱 / 唱得响亮 / 不怕风雨的阻挡……”这矫情到无以复加的歌词，为湖南卫视的“快乐中国”理念写下了同样“响亮”的注脚。我所熟识的湖南电视人，的确是中国电视产业化和频道品牌化的急先锋，近10年来，他们孜孜不倦地在某一朝向上推动着中国电视的历史性变革，而且一直是以探索者与成功者的双重身份。可是，湖南电视给中国传媒业带来的影响，又显然需要更理性地估定。问题不是湖南电视源源不断供给着广泛代表“民意”的娱乐电视节目（从当初的《幸运98》《快乐大本营》《玫瑰之约》到今天的《超级女声》《谁是英雄》），而是它把娱乐定位成在公共媒介上展现所有内容的唯一合法形式，甚至企图用所谓的“快乐”理念去篡改社会现实的真实构造。我们看一看“快乐中国”这个奇怪的词组，“快乐”变成了及物动词，“快乐”的使动对象居然还是“中国”——凭借主持人们和春春们的一张张巧嘴，就这么有把握让今天的中国“快乐”起来么？这所谓的“快乐”，是传媒蓄意酿制的迷幻剂，还是伪饰现实的一串光怪陆离而又瞬时幻灭的肥皂泡？

除了“最起码的文化分辨力和思考力”，我们别无奢求。在此，我愿转述波兹曼在《娱乐至死》（*Amusing ourselves to death*）中讲述的一个例子，送给我所接触的代表某种“民意”的“超女”粉丝军团——萧伯纳第一次看见百老汇和42大街上夜间闪烁的霓虹灯时，说道：“如果你不识字，这些灯光无疑是美丽的。”

孔子还是章子，是一个问题

从安徽往北京赶，途中路过曲阜。看着高速公路上孔府、孔庙、孔林“三孔”路牌，直为自己居然没时间去给老夫子鞠上几躬而懊恼。过“孔门”而不入，可谓天下读书人之笑柄。大约就在同一时间，北京有人也想起了孔子，此公同一时间想起的还有章子；据媒体得出的结论是——“一个章子怡胜过万本孔子”。而把孔子和章子扯到一块说事的人，名曰张先生。

这样的消息，让人“无语”，也令人很无奈。就是随便扯来一个超女的粉丝，她都一定会为这个命题的提出顿觉“毛骨悚然”。苛刻一点说，哪怕是一个思维能力完全退化的非完整意义上的文盲，都会在第一时间把嘴角扯到一边，发出下意识的嘲笑。所以说，成千上万把屎盆子不由分说往张先生头上猛砸的人们，你们都是地地道道的文化人，并大可引此为豪。

就是前天，我还在课堂上即兴谈到了传媒的“话语阳谋”和“叙述圈套”。这样一个资讯泛滥的年代，如果我们还想葆有清醒的价值立场和思维判断，当务之急就是学会衡量和判定信息的真伪与“善恶”。其实，作出这样的判断完全没有想象中那么复杂，往往只需要一些简单的逻辑和起码的常识。哪怕是用脚趾来稍作分析，我们也可以明白：所谓孔子不如章子，这完全是阉除了上下文的断章取义，论证的过程、论证的逻辑起点统统被不怀好意地省略掉了，剩下一个张牙舞爪的观点孤魂野鬼似的树在批斗会场的中央——“一二三，开骂！”

这么说来，滔天的口水和谩骂，和张先生实在没有太大的关系了。大伙儿一边津津有味地看着《2046》里章子怡饰演风情万种的荡妇，一边摁下遥控器上的暂停键，抿一口咖啡，然后微笑着登录网站的论坛，往张先生的坛子里灌几桶秽物。

燕园张先生，交道打过几次，也算半个熟人。读大学时知道他，是因为闻名遐迩的“马桥事件”，那时我曾是校友韩少功的支持者，曾撰文对“张王”进行过不无激烈的回击。后来到北京和张先生见了面，才知道：这位一天到晚在文章里“后殖民”“后现代”的不苟言笑的中国“后学”发起人，完全没有我想象中的“戾气”，反而是一个敦厚而可爱的学者，且有着浓厚的“草根”情怀。看着他和善慈祥的面容，我甚至怀疑——这是当年那个以莫须有的名义对韩少功发难的张先生吗？

左思右想，后来得出一个结论。人的话语表述（无论是口头还是书面的），一旦陷入某种形式快感之后，便会不由自主地违背其本性和初衷。当年的马桥事件如是，今天的孔章事件恐怕也是这样——对素喜巧舌翻飞、口水滔滔如江水不绝的张先生来说，他提出的观点固然值得商榷和思索，但错不该选用了如此“诱人太甚”的表述方式。具体说，就是大不该把孔子和章子怡这两个词语进行了随机组合。大家才懒得去追究什么填补“文化赤字”、输出中国文化的宏伟动机，总之一句话，只要您老把这两个主儿给撮合在一块了，咱就来神了。嘿哟，居然让戏子把咱孔老二比下去了，这还了得！赶快挽起袖子叉开双脚，“咚咚锵”，立稳了准备发飙——张老师唷，这不是自投罗网吗？要知道，虎视眈眈寻找（或者制造？）“头条”和“爆料”的辛勤的媒体工作者们，冲着奖金、年终红利和部门领导的表扬，是不会正襟危坐和你摆事实讲道理的。没事他们都蔫着呢，这出“事”了他们才叫一个乐。

综上所述，对我们这类靠生产话语谋生的人来说，这起严肃的文化事件实在是一个及时而必要的警示。当然，对个别需要用话题来维系“轰动效应”的知识人来说（通常是受了80年代文化氛围的“荼毒”），那就自当别论了。

博士上书与王菲待产

这一阵子，两则新闻相当有“卖相”。一件是王菲临盆，天王居然也临了盆；另一件是博士上书，今天的博士居然还会上书。先说说第二件。

一堆人大、北大的博士们忙着张罗呼吁取消圣诞节，及时而应景，餍足了媒体花样翻新的噱头生产欲望。显然是一场喧闹的合谋，创意和实施方式都完全谈不上精良和新颖，只是披上了文化的大红花衣裳。看一看让博士们义愤填膺、不平则鸣的由来吧——“国人过圣诞节……表明我们正在逐渐演变成一个西洋文化主导的社会”，“传统文化……处于被西方文化压迫的状态”，“圣诞节对中国传统文化构成了威胁”，“圣诞节与中国传统文化存在很大的冲突”……于是乎，一定要“抵制圣诞节，驱除西方文化的不利影响”。这种耸人听闻的大棒式思维逻辑和语言方式，不得不让人倒吸一口凉气——这哪里像公元21世纪呼唤科学理性的PHD？活脱脱一群歪歪扭扭戴着学位帽的“红小兵”。

莫名地联想起，前不久倾国热议的“中医”害人论、“龙图腾”废止论。论战者永远站在民粹立场的正反两面，以yes or no，good or bad，to be or no to be的蛮横逻辑进行着大专辩论赛层次的表演，没有良性商讨的意愿，没有言论边界的设定，最终，统统陷入毫无建树性意义的机巧卖弄，演变成一团混乱而刺耳的噪声。之所以导致这样的情形，显然，媒介传播的影响力和反作用力在此间功不可没。几天前恰巧看了《凤凰卫视》一期节目，中医捍卫者和抨击者斯文扫地、刺刀见红的攻讦和对骂，直让人肉跳心惊。主持人胡一虎假惺惺地在两派之间做和事佬——他如果不这么做，节目现场吹胡子瞪眼的嘉宾和善恶分明的观众们，不排除爆发文人恶性群殴事件的可能。通过监视器看到这样的戏剧效果，制片人们的窃喜想必是情不自禁的，但是在人前，他也许会皱着眉头，发出充满正义感的埋怨：“不好哟，这样不好的。”发言者发完牢骚了，收视数据上去了，广告商咧嘴大笑露出满口黄牙了，大众也被娱乐得前俯后仰了，皆大欢喜。唯一被遗弃的，只是作为事件肇因的话题本身——话题究竟有没有意义？对话题的探讨在多大程度上是有效的？……这些乏味的命题自然少人问津。事件的传播者，拒绝提供语境化的反思，只产出瞬时的刺激和抚慰；信息的接收者，关注的只是令人愉悦的形式，完全不理会形式背后实质性意义指向的有无。如此一来，不管是中医的存亡生死还是圣诞节的取缔与否，媒体和大众对其展露出来的亢奋表情，与“见证”王菲女天王在协和医院临盆待产时的狂欢表演又有何二致呢？

以网络为核心阵地的泛大众媒介，有它的传播规律和职业信条，不便置喙。这里只想对“十名校博士”朋友叨唠几句：不管是圣诞节、情人节、愚人节，不管是可口可乐、Adidas还是万宝龙，选不选择、接不接受是阁下的自由，这和你们所谓“名校”的出身和“博士”的学历恐怕没什么关系。当然，博士们的话语权利是必须尊重的，奋笔疾书几篇，厉声呐喊两句，不管有无回应，都是一桩好事。令人疑惑的是，自行其是、自说自话也就罢了，似乎不需要自诩为“精英”的“小众”，来对被想象性矮化过后的“大众”进行居高临下的“思想启蒙”。博士们用令人惊悚的方式断定：热衷圣诞节是“国人在文化上陷入集体无意识”的表现，其原因是“中国文化的主位性缺失和主体性沉沦”——好工整的高帽子，学术味浓极了，自然是不屑于让非“小众”的同胞们听懂的。

本文无意对博士们的观点进行反驳——“中西之别”“华夷之辨”“体用之争”一个半世纪以来纠缠不清，在这个毫无新意的问题上，我以为不会有定解，因为任何一种角度的言说都有无法回避的逻辑盲点。笔者最直接的感触在于，“名校博士”们发言的语态和语调实在令人生厌。你们代表的是“谁”的立场？你们认为你们果真能代表“谁”发言吗？你们的立场又站在了“谁”的反面？是什么力量，赋予了你们对“谁”不分青红皂白妄加评断和批判的权力？20世纪80年代的文化启蒙运动距今已有四分之一个世纪，如果20多年时间依然没有培养起对多元价值取向和文化生态的一种宽容，依然不足以根除一元论的霸权话语倾向及其思维根源，依然不能够驱散伪精英主义的阴魂，那么只能说是中国唯经济主义改革进程的悲哀。

对于在满世界噪音面前无所适从的“大众”，对于那些耽于虚幻的文化优越意识的“小众”社团成员，鲁迅先生的劝诫是：“我们能够大叫，是黄莺便黄莺般叫，是鸱鸮便鸱鸮般叫。我们不必学那才从私窝子里跨出脚，便说‘中国道德第一’的人的声音。”好说歹说，大家都戴过那一顶红穗平顶的博士帽，同是“私窝子”里的一房人，写这些话多少有些难堪。可扪心自问，现今和未来的文科博士们，多少人真正有心无旁骛的纯净学术抱负，又有多少人不是为了生计咬牙“把牢底坐穿”？这些年对学术和学术界的质疑难道还不嫌多吗？是不是还要添加“形而上学主义”“机械教条主义”“文化偏至主义”的罪名？要维护这个群体残留的尊严，博士们的当务之急是少谈些空洞无边的“主义”，多研究些实实在在的“问题”，踏踏实实，做几件于文化传承有助、于民有益也于己无损的事情。倘若真是为了博得眼球赚个人气，也不妨找些好的榜样来学。都是博士，同是集体动作，联名抵制圣诞节的“名校十博士”，相较于2003年孙志刚事件中愤而上书全国人大的法学三博士许志永、俞江、滕彪，“差别咋就那么大”呢？

时尚的秘笈

闲时去了一趟光华路时尚大厦，参加时尚传媒集团承办的某空姐选秀节目策划会。这是第一次和时尚期刊界接触。老实说，此前对时尚期刊的了解，基本局限于酒店大堂、咖啡厅、7-11书报栏和大大小小报亭侧壁上永远“艳”光四射、色调考究、布满了女体柔姿曲线或男士发达胸肌的封面图。其可“视”性当然视毋庸置疑的。去年世界杯期间《时尚先生》推出的一组“野兽足球”图片，活色生香，就很让人有快意淋漓的体验。

我所翻阅过的时尚类期刊，有一套自成体系的话语逻辑，在它的内部，小资、伪小资们对“潮流”/“前卫”/“先锋”/“时尚”这些词条的消费欲望（也许仅仅是一种姿态）同隐藏在大众无意识内里的猎奇/猎趣/媚俗本能奇妙地融为一体。任意翻开一本以任何名义登场的时尚类期刊，仔细品咂其中的文章，你会发现：无论是文风、句式、遣词还是格调意旨，它往往有着精致装饰过后的特立独行的个性外衣：快乐而周而复始地鼓励个性提升的愿望，是“时尚”的本能。它也往往有着与生俱来、不容置疑的大众化“腔调”：迷恋于“时尚”的，更多的是天性欠缺独立但格外期望引人注目的人；正如西美尔所说：追逐时尚不过是较低社会阶层单纯模仿较高社会阶层的“游戏”，对时尚的消费在本质上和占有物质、金钱并无根本的分歧。所以说，时尚本身就是一个暧昧而含混的矛盾体：它既是提升个性、注重品质的，也是随波逐流、“泯然而众”的；既是先锋的，也是世俗的；既是中产阶级保持身份优势的法宝，也是“无产者”实现精神胜利的秘笈。

从1993年东单西裱褙胡同到今天CBD地段的时尚大厦，麾下经营着15本“高档生活消费杂志”（《时尚 cosmopolitan》《时尚先生》《时尚芭莎》《座驾》《男人装》《华夏地理》等）的时尚传媒集团，其崛起早已被誉为业界之传奇。

走进时尚大厦，宛若进入一个巨型立体的T型台，从时尚靓丽的前台服务员到一个又一个点缀在不起眼墙角的细微时尚元素，你需要用一些时间回过神来，确定你和这个带有魔幻色彩的世界之间的关系。看起来，我与这个细琢精雕的“时尚空间”有着不小的隔膜。表面过于光滑的墙面和地面，有意无意映射出你的身影，像无数双令人不安的兀自窥视你的眼睛。更让人无奈的是，走进眩目而另类的电梯间，我惊恐地发现，这里面居然不提供选择楼层的按钮！大厦里的静物和非静物，都处于不安分的现在进行时态，都有着一副坚固的不混同于凡俗的表情。这是一座被时尚改造过的建筑，这种改造从细节流逸而出，从肉体延伸到灵魂，处处彰显着决不妥协地将标新立异进行到底的个性标识。

时尚媒介里活跃着的，是一群对社会各阶层的文化趣味异常敏锐的传媒人，为转型时期始终处于求变与守成矛盾之中的老中国儿女开拓出了一方新兴的精神消费空间。他们深谙大众文化心理，又有着极其旺盛的创造诉求。在电子文化甚嚣尘上的背景下，他们通过对“时尚”的解码和意义重构，用另辟蹊径的方式，呵护和延伸着传统纸媒的生命力。这既是一种先锋，又是一种坚守——在今天的文化语境里，守成与革新的界限的确是暧昧不明的。

唯一的疑问是，正如时尚本身周而复始的自我否定与迅速更迭一样，所有已经成为“时尚”的风景，包括被贴上时尚标签的一切话语和表情，就能担保自己能避免枯朽的命运吗？

烟花不会谢

“先生，我想登一段广告。”梅艳芳从黑暗里出来，在万梓良身旁悄悄站定，轻声嗫嚅。所有背景都淡去了，阴惨的屏幕上，剩下那张冷艳到无可复加的白纸般的脸，还有那空茫却又在绝望中期待的眼神。很多年来，这一张冰冷的脸，一瞥轻薄的眼神，还有厚得恰如其分的嘴唇上一抹夸张的猩红色，总在一些不经意的时刻闪过眼前，那些瞬间，居然有一种隐隐的入骨的心痛。清楚地记得，《胭脂扣》里，十二少送给如花一副对联花牌，云：“如梦如幻月，若即若离花”——薄命的红颜，灰败的芳华，如幻如梦，若即若离——百变妖娆的梅艳芳，便像极了旧恨未了的痴怨女鬼，在烟花散尽的凄清夜里游荡。

四月，在被惊惧裹挟的北京，远远传来张国荣殒命的消息。我和室友整整一上午守着电视机，看完了出殡礼，然后打开电脑重温《胭脂扣》。当时有一连串奇怪的联想：十二少“安眠药散偷生”，辜负了当初的生死约定；这十二少张国荣的离去，莫不是赴如花的天国之约？如今十二少活生生地去了，如花又何忍独自贪生？……罪过罪过，这些八卦的想象，让自己都禁不住要苦笑了。如今时隔不到半年，梅艳芳患上重症的传闻，又将我扯回了当初恍惚离奇的联想。我想，也许很多人都有这样的感觉，为什么恰恰是这一对怨女痴男，总给我们戏中角色和现实身份重合的印象。如曼璐（《半生缘》），如程蝶衣（《霸王别姬》），当然，更有如花和十二少（《胭脂扣》）。这当然是一个巧合。但仅仅是巧合么？最初我的想法是，电影里的如花十二少，是被魂附了体的角色；而生活中的梅艳芳张国荣们，又过着怎样的人生呢？

是啊，他们过着怎样的人生？灯火绚丽的舞台，那般光华四射，那般万众瞩目，唱得个如泣如诉，演得个醉生梦死。看，他们乜斜着双眼、微微颤动双肩、迈着悠闲的狐步舞；兴头上，向那些叫fans的活物抛去香汗浸湿的礼帽、衣衫，当然，还有取之不竭的香吻。那一刻，他们仿佛将整个世界拥入怀中，他们成了花花世界的宠儿……这一切真是惹人艳羡啊！然而疑惑在于，这飘忽缭乱的光影，难道就构成了他们生活的全部？让我们想象一下——在那样孤独冷清的舞台上，面对拥簇得近乎空洞的人群、黑暗中胡乱颤抖的荧光棒，还有失去控制的呼哨和呼喊——哪一双眼，哪一份情，哪一颗心，曾经或者将要逼近他们的生活，被他们真真正正地拥有？一曲唱下来，声嘶力竭，狂乱的掌声和蜂拥的鲜花模糊了他们的视线。他们朝着台下望过去，看似人山人海，其实一片空濛。烟花燃尽了，在夜空中划出一道道幻美的弧线，焚灭自我的代价换来令人心醉的璀璨，瞬间辉煌，却也瞬间寂灭。黑夜仍是黑夜，黑暗中不复美丽的碎屑悄悄洒落一地，还有人愿意去拾捡么？看见烟花，就有暗夜中的碎屑。人们从来只贪恋烟花的光鲜耀眼，却从来不曾提起——那满天飘舞的碎屑，在烟火灿烂过后归于尘土、零落成泥。

遍地的碎屑，终究是留给他们自己来清点。周围更多的是猎奇的目光和窃窃私语，生死、寂寥、病痛、离别、情丝纠结的郁苦，更有顷刻而至的灾祸……这一切，没有谁真的在乎，更没有谁可以分担。这世界没有谁躲得过命运的揶揄和戏弄，任凭你是艳骨不可方物的张国荣，任凭你是吟唱着“挥洒千抹冷艳，凭红唇平静四海烽烟”的梅艳芳。陈百强、黄家驹、张雨生、罗文、高枫、张国荣……这些名字开始一一在眼前浮现。曾经光彩照人的身影，在人们视野里匆匆消逝，他们留给世界的只剩下了落寞的回忆。很多年过去后，也许有人还在叹息，也许有人还愿意怀念，仅此而已。

写到这里，《女人花》的MP3恰好在缠绵的余音中结束。在我此刻的想象中，梅艳芳神色黯然地走下舞台，卸了妆，从孤独走向另外一个注定更加孤独的深渊。散尽烟花的夜空更加寂寞，曾有的惬意和陶醉，已化作默默嗟伤后的自我叹怜。宛如李碧华笔下那哀怨的文字：“人声鼎沸，喧嚣纷纭，一切都淡出了。他一壁落妆，抹去脂粉，细看一张憔悴的不成人样的脸，自己都认不出来，那曾经一度的风华。”

夜已深，黄耀明的暗嗓还在我耳畔回荡——“你说烟花/只会散/不会谢/热闹过后/时针倾斜/熟练的手势/将天与地都推卸/夜幕已谢/浓妆一卸/道别的身影/掀起背后的荒野/你说不必生生世世/只要夜来仍能念出你姓名”……你说，你说，烟花真的不曾谢吗？其实，谢与不谢又有什么区别呢？一切已成落定的尘屑，你又何必在乎生生世世，只要有人夜来仍记住你的姓名。

后　记

一

在我挚爱的电影《毕业生》里，达斯汀·霍夫曼饰演的本杰明眼神迷离，驾驶着高速疾驰的跑车，漫无目的，四处游荡。成人的世界对他来说太陌生，正如影片里的这个片段：本杰明裹着厚重的泳衣，呼吸沉重，父母们却在周边语焉不详地欢呼；本杰明勇敢跳入了水池，巨大的虚无将他彻底淹没。他在反思，面对令人抓狂的现实——妥协，还是决裂？最后，对心仪女孩的热衷，让他重新鼓起了勇气，即使亲密的跑车在最关键的时候抛锚，他依然奋力奔跑，追逐自己的幸福。

那个可爱的令他心仪的女孩，以及她所昭示的生活，应该就是本杰明甘愿抛弃一切、为之全力以赴的梦想吗？

余华告诉我们，18岁，出门远行。多少年前，就在这个被余华标定的年龄，我离开故乡，阔别童年记忆里那条宁静但并不清澈的邵水河，来到长沙——对18岁的我来说，这曾是一座大得令人发昏的城市。7年过后，度过一个遍地知了鸣叫的季节，我又一次踏上陌生的旅途，目的地是现在的北京。

无论从时间还是地理的意义上讲，我的“远行”一直未曾停歇。然而，是什么原因，促使我以义无反顾的姿态与故土愈行愈远，去拥抱一座座陌生的城市？又究竟是因为什么，出门远行而始终兴致勃勃的我，热衷于在变换的节奏中创造生活？……有一段时间，这些疑问，成为我穿梭于北京东三环时思考的主题。这个熟悉而陌生的城市，这个庞大到令人发晕的城市，每到夜晚，仿佛每个角落都射发出精力旺盛的光亮，还伴随着隐约的轰鸣。这光亮和声响，充满令人难以言喻的魅惑，展示着它蕴藏在躯体内部的庞大力量。在家中的窗前伫立，指尖烟头明灭间，我知道，不远处北京火车站的站台上，操着不同口音的千千万万个“我”正从天南地北接踵而至，每个人都站立在过去和未来的交界点，每个人都将雄心勃勃或忐忑不安地开始书写自己的故事。于是，在中国人的当代影视语汇里，“车站”和“站台”成为了一组极富隐喻色彩的意象，足够摄像机镜头进行千万遍的书写和表达。

请允许我用通俗意义上的“梦想”来为上述疑问作结。如果没有梦想，我不会有勇气出门远行，不会在文字迷宫里不知疲累地往来奔突，更不会时常生发钻出故纸堆的奢望，去触碰勃发着无穷生机的“外面的世界”；如果不是因为相信梦想，中国每一个繁华城市的车站和站台，也不会每时每刻都流淌出汹涌的人流，不会汇编出一部部生动的南腔北调集，不会在夏日浃背的湿汗和冬天口中哈出的白气里渗透着一股令人迷醉的气氛，散落，支离，却生生不息。

二

今天的中国，正经历一个无法被复制的时代。变化和变革是它的标签。它意味着难以被穷尽的可能，也给人们带来了宽广的未知，以及探询未知时的茫然。

社会学家用这样一个说法来描绘今天的中国：巨大的实验场。无数设想、方略、政策正在这块实验场上付诸实践，以至于从表面上看，这个国家显得如此变动不居，她的人民始终那样精力旺盛、不知疲倦。那么，该以怎样的书写，来应和这个躁动、迷乱却生机勃勃的行进中的时代？体例宏大的叙事小说、层层叠叠的抒情诗、遣兴的散文随笔？

电影甫一出现，传统的记叙形态便显现出了无法掩饰的局促。如果不是从贬义的角度理解，用“花枝招展”这样的词汇来形容电影并不为过。它叙事简约而集中，能将一个人一生的时光都浓缩进一百分钟的胶片；它抒情便捷自如，时空腾挪游刃有余，光影幻变间，诉尽人生离合悲欢；它的表现方式无拘无束，几乎是一切艺术表现手段的总括。时代一旦钻进盛放电影胶片的铁盒，便焕发出摇曳生动的表情。透过故事主角所持的腔调、衣着、举止，透过视觉暂留原理为我们呈现的物质世界，时代的每个纤小细节都变得真切而可感，呼之欲出。

至今我还记得：十二三岁的时候，在故乡邵阳邻近大祥坪的人民电影院（今天变成了毛线、床上用品等一类过时商品的展销厅），头顶一束束变换的光影，将自己从雪峰山下带到遥远的山东高密东北乡。在血红的高粱地里，在亢奋的唢呐声里，看一群不怕天不怕地、敢恨敢爱的土地赤子，看一出令人血脉贲张的生命传奇。很多年后，当我在大学讲台上跟中文系学生谈起“寻根”时，总会不由自主地提到张艺谋和莫言合谋的那一片高粱地。而高粱地散发出来的那股奇异的气质，从银幕延伸到观众的心灵，完成了对一个奔放的时代中国人精神侧面的表达。

任何一段历史都有它不可替代的独特性，但中国刚刚走过的这一段历史，却是最不可能重复的。同样无法复现的，还有每一个普通的中国人，这个年代经历的欣喜与失落、甜蜜和苦涩——也许，他们曾无比娇艳地绽放，或者，以苍老的姿势归于无息。巨变的中国，是一个包容万象的舞台。人生入戏，戏亦入人生。生活的寒暖变迁、分合辗转，与银幕上的流光幻影遥相呼应，宛若现实勾连梦境，两相映衬，竟须臾不可分离。

人们常常把电影和“蒙太奇”联系在一起。零散杂乱的胶片，经过蒙太奇组合，就能成为一部部开口说话的作品。当代中国电影或许正在接受命运之神的眷顾，众多将银幕作为安身立命之所的人们，愿意在影像的蒙太奇构造中倾洒自己的心智和汗水；而这个裹挟着尘土和梦想、不断制造神话而又解构神话的国度，她向世人所展示出来的一切，不正是一部让人百感交集的蒙太奇作品吗？

三

1995年9月，18岁出门远行的我，在岳麓山下入读湖南师大的第三天，懵懵懂懂加入了校影评协会。图的是每周能拿到两张露天电影的免费票，代价是揽下了该协会一年手写海报的工作。于是，有了和“影评”的结缘，有了大三时自创的同仁油印杂志《电影沙龙》，也有了围绕电影与当代文学的关联写作学位论文的构想。再后来，从长沙到北京，开始不厌其烦地发表稚嫩的影评文字，开始浅一步深一步涉足影视创作，并且把当初学士学位论文的选题加以拓展延伸，提交到了博士学位论文的答辩会场。

《无名的镜语》是对自己近10年涉及影视和大众文化的评论、随笔文字所做的一次汇总和遴选。于我而言，它更像一本记录册，鉴证着一名文学研究者与影像文化之间不可分解的关联。这些文字，类同于一位思想漫游者21世纪零年代的私人文化地图，标识着写作者对影视以及种种时尚文化景观的体察视角和批判尺度。“无名”，是陈思和先生对当下文化语境做出的精准概括。我们身处的无名时代，触目所及，皆是破碎、残损、断裂、散乱甚至自相龃龉的文化镜像；甚至，连这个时代自身也构成了难以索解的镜语。那么，对无名时代镜语的体察，自然也芜杂多端，归于“无名”。

游走于“影像”与“时尚”的边缘，笔者从不隐讳自己热衷“时尚”的世俗情结。说到底，在今天的文化时势之下，拘泥于古老的“雅”“俗”之辨并无太多实际意义。作为大众文化核心的“时尚”，在为善良本份的人们批量制造消费幻象的同时，更为独立的思考者提供了关于大众欲望及其生产机制的鲜活征候。尤其对宛若置身学院“孤岛”的知识精英来说，时尚文化经验和现代都市文化想象的贫乏，很大程度上延缓甚至阻断了他们识读中国当代文化现象及精神脉流的进程。我以为，现今，已不是探究趋附还是拒斥包括影视在内的“时尚”文化的时候，更迫切的疑虑在于：应该以怎样的批判精神和价值尺度，来体验和反思斑驳陆离的“时尚”文化图景？应当诉诸怎样的思考方式，穿越“时尚”魅惑的外象，解密隐匿其后的谎言？我的上一本随笔集取名《时尚的谎言与魅惑》，初衷正在乎此。

本书收录的文字，大多以独篇或专栏的形式在公开刊物上发表过。我原想将这几年“天地梁心”博客上论及大众文化的篇什也收录入第三辑《时髦的舌头》。待到动手整理时，才发现这种想法的不切实际。“博客体”文字，沾染了无可救药的网络“口水味”，从形式到内容，都充斥着旋生旋灭的过剩情绪。勉强收录进来的这几篇，也无不经过大刀阔斧的修改。这起“事件”，给了我及时的提醒——在充满蛊惑色调的信息流、生活流面前，有重量的文字应当承担穿越它们的使命，而不是委身于沉迷。

“刀锋”文丛主编张柠教授和本书责编李金正先生为本书倾注了许多心血，谨致谢忱。

感谢我在文字里批评或褒扬过的所有影像作品和创作者。这些年，教学研究之余兼事影视写作的经历，让我深知影像创作个中的种种无奈、不易与艰辛。行间字里诸多挑剔与苛责，既出于批评的自觉，也是对自己的鞭策和训诫。

将此书献给远在湖南故乡的最亲爱的父母、小妹。

将此书献给爱妻柳弦和吾儿润璋。整整9个月前，虎年五月初六晨八时五十六分，爱子润璋在北京降生。出了产房，小弦困倦的微笑里，沾满了盈盈的泪花，那无疑是人世间最美丽的表情。出生还不到10分钟的小润璋，鲜活地裹在襁褓里，眯着眼，微微扑打着粉粉嫩嫩的小手，真真让做了爸爸的我疼爱无处言说。人生倘也如书，这一页，便自然是最让人感怀、最值得铭记的篇章。

梁振华

2011年12月16日于北京百子湾路